名师名校名校长

凝聚名师共识
回应名师关怀
打造名师品牌
培育名师群体

那片
星星的天空

福田区皇岗小学融合教育案例集

杨土胡　戴智 / 主编

中国文联出版社

图书在版编目（CIP）数据

那片星星的天空：福田区皇岗小学融合教育案例集 /
杨土胡，戴智主编. — 北京：中国文联出版社，2022.7
ISBN 978-7-5190-4887-7

Ⅰ.①那… Ⅱ.①杨… ②戴… Ⅲ.①小学教育—特
殊教育—教案（教育）Ⅳ.①G76

中国版本图书馆CIP数据核字（2022）第128017号

编　者　杨土胡　戴　智
责任编辑　刘　旭
责任校对　陈　雪
装帧设计　刘贝贝　李　娜

出版发行　中国文联出版社有限公司
社　　址　北京市朝阳区农展馆南里10号　　邮编　100125
电　　话　010-85923025（发行部）　010-85923091（总编室）
经　　销　全国新华书店等
印　　刷　北京四海锦诚印刷技术有限公司

开　　本　710毫米×1000毫米　　1/16
印　　张　12
字　　数　169千字
版　　次　2022年7月第1版第1次印刷
定　　价　58.00元

福田区皇岗小学资源教室简介

深圳市福田区皇岗小学始创于1931年，学校地处深圳市中心区，北临会展中心，毗邻皇岗口岸与福田口岸。学校以"全纳教育""融合教育"为学校特殊教育的指导思想，秉持"全纳融合"的特殊教育核心理念，用"精心"的管理呵护每一个孩子，用"贴心"的校园环境文化熏陶每一个孩子，用"匠心"的课程内容培育每一个孩子，形成"舒适、自主、丰富、专业"的特殊教育课程体系，努力建设高品质、高服务、高水准的特殊教育资源教室，给每一个孩子光芒与希望，让每一个孩子成为明亮的"星"。下面我将从以下四个维度对我校的资源教室进行介绍：

一、强化职责，加大投入，用精心的管理去呵护

根据市区教育局指导方针，为规范普通学校特殊教育资源教室建设，完善随班就读特殊学生"一人一案"建档。我校不断强化重视力度，积极履行管理职责，加大经费投入，促进学校随班就读工作快速优质发展。

首先，学校高度重视，强力推进。建有随班就读工作的管理机制，由杨土胡校长主管，教务处戴智主任分管，老师具体实施，强化具体职责，加强对随班就读工作的领导，将随班就读工作纳入全校常规教学管理。

其次，全力经费保障，多措并举。学校将特殊教育工作列为学校重点工作，全力做好经费保障和管理。制定专门特殊教育课程表，将适合学生

的课程纳入学校课程教学体系。

二、双管齐下，改善条件，用润心的环境去熏陶

为了让残疾学生享受到优质的教育服务，我校从硬件改善、软件提升两方面入手，实现了特教资源室提档升级，极大地改善了学校特殊教育环境。

首先，硬件上标准配备，满足需求。为贯彻落实国家、省和市的特殊教育提升计划，完善随班就读工作的管理，进一步做好残疾学生随班就读工作，我校在2016年9月建设了资源教室并投入使用，设立在校园内一楼，门口设有无障碍通道，室内采用防伤害软包，面积约60平方米。资源教室基础设施符合无障碍的有关规定，同时严格按照相关文件要求配齐配足了设施设备。

资源教室设置了学习训练、康复训练区、感觉统合区、资源评估和办公接待等基本区域，根据学校残疾学生类别配齐配足教学康复设备，配备一对一学习系统，满足了学校教育康复需要。

其次，软件上人员齐整，配备合理。在探索随班就读的模式上，引进了购买服务机构和驻校融合教师，对随班就读特殊儿童进行筛查与评估，提出个别化教育计划（IEP）及教育安置。注重特教师资的专业水平提升，鼓励他们积极参加特教培训。

三、个性服务，特色课程，用贴心的课程去培育

学校坚持随班就读与资源教室课程相结合，为随班就读学生提供个性化服务和特色课程，促进他们的成长。在市区随班就读工作精神的统领下，学校正探索一套外合内融、情智共生的校本化实施路径。

坚持资源教室每日开放。资源教室建设以来，每周一至周五全天面向有特殊需求的孩子开放。同时，资源教室老师与随班就读教师一起，商讨帮助孩子的对策，协调课程安排。

量身定制个别化教育计划。"没有个别化教育计划，就没有真正意义上的特殊教育"，资源教室会对学生的学习能力进行评估，为随班就读的学生评估期初状况，量身定制适合每个随班就读学生的个别化教育计划。根据每位随班就读生的个别化教育计划，资源教室老师与随班班主任、学科教师协调配合，以班级集体授课为主，以资源教室个别辅导为辅，关注随班就读生的差异，给予他们特殊的培养。只有专业的资源评估，才能够制定好更有针对性的个别化教育计划。让个别化教育更加符合每个孩子的身心特点。

贴心设计课程服务。学校在坚持做好常规康复训练和个性化辅导的基础上，根据随班就读学生的残疾类别、学习能力等，将随班就读生分小组进行主题式辅导，以社交特色课程、职能特色课程、音乐特色课程、艺术特色课程与运动特色课程为主题，形成特殊教育课程体系。

（一）社交特色课程

对他们从基本规则、情绪处理技巧、人际互动技巧、问题处理技巧等方面进行辅导。加强生活情景中个人的表现能力和人际互动，消除或修正不良适应行为，增强学生有效社会交往行为。包括：基础社交训练，社会性模仿、参照，想法解读，生活社交技巧，情绪和行为等。

（二）职能特色课程

主要根据学生的能力，设计对学生有意义的教学活动，引导参与，预防、恢复与生活有关的功能障碍，增进健康，预防能力的丧失与残疾的发生，使他们能在生活环境中得以发展。包括：生理康复、心理康复、社会性等。

（三）音乐特色课程

主要是以音乐作为媒介，在集体形式中，针对某阶段或某方面在情绪、行为、学习、社会适应等方面存在的困难，有目的、有计划地进行干预。使学生获得音乐以外的行为和知识，提高认知、改善情绪和消除心理、行为、表达和交流等方面的障碍，增强儿童的自信心。包括：奥尔夫音乐课、非洲鼓、戏剧表演等。

（四）艺术特色课程

艺术教育对特殊儿童具有重要的意义，能为他们提供另一种沟通和表达的机会，并能统合他们的感觉、动作和认知，调和情绪和行为的冲突。因此，学校为他们开设了艺术特色课程，通过艺术之美润泽他们的心灵。包括：绘画、剪纸、黏土手工、扎染、创意手工等。

（五）运动特色课程

运动康复是对运动缺陷者采用各种运动方法，使其在身上获得全面恢复，使其运动功能得到改善。通过学习羽毛球、篮球等运动，提升学生的感觉统合，改善多动，稳定情绪。包括：羽毛球课、篮球课、感觉统合课等。

秉持"全纳融合"的特殊教育核心理念，在"舒适、自主、丰富、专业"的课程体系中，学校的特教工作取得了较大的成效，经过探索，我校已形成一套科学、可复制的融合教育模式。我校在市区级督导评估中被评为优秀，家长满意度测评优秀，随班就读学生也能够快乐融合，健康成长。

四、全纳融合，共享蓝天，用匠心的活动去陪伴

我们深刻意识到，仅仅是针对这群特殊孩子的教育不是"全纳教育"，也不是"融合教育"，而是应该使他们适应主流学校的校园生活，让他们享受和普通孩子一样的校园生活。我们始终坚持"同在蓝天下"的特殊教育价值追求，始终坚持"全纳教育""融合教育"的特殊教育发展方向，通过开展匠心独具的活动，陪伴他们成长，有效保障了他们享受教育服务的权利。活动的开展极大地润泽了孩子们的心灵，增强了孩子们回归主体的坚定信心。

特殊教育事业是一项爱心事业、阳光事业，我们将不遗余力地做好这一工作，努力呵护这群特殊的孩子，用"心"教育，为他们开启美丽的"星"世界！

深圳市福田区皇岗小学校长　杨土胡

接纳一个孩子　挽救一个家庭

　　为了让特殊儿童享有公平而有质量的教育，一批学校前赴后继开展了广视角、多维度的实践研究，深圳市福田区皇岗小学就是其中一员。接纳特殊儿童成为学校的一分子，校长杨土胡这样解释道："有教无类，学校有责任和义务提供发展的条件和服务，让特殊儿童走向普通。"

　　在皇岗小学，有这样48名孩子：他们大多患有注意力缺陷、多动障碍，个别存在自闭、智力障碍、精神发育迟滞等问题，是一群特殊的"天使"。入学前，学校聘请的特教老师会结合家访、残疾证及定点医院的专业检测报告等，综合评估并制定相应的教学计划，为这些孩子融入集体做好准备。入学后，特教老师会不断与班主任沟通、通过家访与家长交流孩子的表现。一学期340多次访谈，只为不断调整、优化教育方案，满足特殊儿童的发展需求。

　　为支持特殊儿童的学习，学校配备了专业资源教室。是否存在自我管理问题或在上课过程中影响他人，是判断特殊儿童是否需要到资源教室接受专业指导的标准。特殊儿童在资源教室接受个别化训练，开展社交、感统、艺术、音乐、运动团体课程，这里难免会被打上"特殊儿童"的专属烙印。在特教老师肖老师看来，融合的环境更有助于推动融合教育的发

展，为此，学校摘掉资源教室的"特殊"标签，将温馨创设的空间向所有孩子开放，普通孩子也能在这里和特殊儿童活动，做到融合无处不在。

特殊儿童融入集体，关键在"人"。教导主任戴智谈道："除了普通学生的接纳程度、家长对校园安全的担忧，教师也是重要因素之一。普通教师缺乏特殊教育知识，对融合班级的管理存在畏难情绪。"最初，多数教师对随班就读持反对意见，皇岗小学便创造机会让他们走进特殊儿童的家庭，唤醒教师的责任和担当。同时申报课题以研促教，使其不断"跨界"成长。

2021年，《三十而已》热播，其中女主角孩子班级中癫痫发作的学生被劝退的故事情节引发热议。皇岗小学的教师将其视为教育契机，面向家长开展了生命主题研讨会，号召家长将尊重他人隐私和人人平等的观念植入孩子的内心。为营造积极开放的氛围，学校鼓励家委会入校服务学生，让他们与特殊儿童及其家长交流，增加对特殊儿童的认知和包容。

让普通学生接纳特殊伙伴，教师也自发做了很多工作。通过走进特殊儿童康复中心，普通学生真切感受到特殊儿童生活状态，进而对特殊伙伴多了一分理解。当内心的善良被激发，学生不仅通过帮扶小组尽心尽力提供帮助，还给康复中心的孩子们送去了礼物和关怀。

在肖老师的记忆里，有一名学生令他印象深刻。小连精神发育迟滞，情绪不稳定。当听到别人对自己的负面评价时，会出现尖叫、摔砸东西甚至用头撞墙等暴力行为。经过两年专业引导，小连能够接受别人对他的评价，有意控制自己不要将事情严重化，会主动向教师寻求帮助。

多年来，学校见证了许多"小连"的改变。在杨土胡看来，特殊儿童具有可塑性，能否坚持教育决定了他们的人生。为了增强家长的教育信心，皇岗小学始终在为特殊儿童寻求融入社会的途径、搭建展示自我的舞台：通过与社区合作，让他们作为义工获得社会参与感；在教学过程中发掘他们的闪光点，比如看到自闭症儿童熟识军事故事，专门为他开辟"学生课堂"。当家长看到孩子的表现重建信心坚持教育，他们就多了一分融入社会的可能。

　　每个特殊儿童背后都是困境重重的家庭。"如果能接纳并培养好特殊儿童，就相当于挽救了一个家庭。"杨土胡这样理解学校肩负的重任。本着这样的师者仁心，皇岗小学以为特殊儿童插上隐形翅膀为己任，呵护每一株特殊的小苗成长。

目录

小学融合教育研究论文

小学融合教育案例分析

小学融合教育案例故事

小学融合教育
研究论文

全纳教育理念下普特融合教学的实践研究

深圳市福田区皇岗小学　戴　智

一、课题背景

全纳教育（inclusive education）作为一种教育思潮，新的教育理念和教育过程，它容纳所有学生，反对歧视排斥，促进积极参与，注重集体合作，满足不同需求，是一种没有排斥、没有歧视、没有分类的教育。1994年6月联合国教科文组织召开的"世界特殊教育大会"通过的《萨拉曼卡宣言》提出："教育要满足所有儿童的需要，为普通儿童设立的教育机构亦应接收所在地区的各类有特殊教育需要的儿童少年，并为其提供适应其需要的以儿童为中心的教育活动；在一切可能情况下，所有儿童应一起学习，而不论他们有无或有何种困难和差异。"

随班就读（learning in regular class）属于融合教育的范畴，但又是基于中国的实际，具有民族性的一种教育模式。原本是指让部分肢残、轻度弱智、弱视和重听等残障孩子进入普通班就读进行教育的一种方式，其目的就是要让这些特殊孩子能够与普通学生一起活动、相互交往的同时，获得必要的有针对性的特殊教育和服务，以及必要的康复和补偿训练，以便使这些孩子能够更好地融入社会，开发潜能，为他们今后自主、平等地参与社会生活，成为有理想、有道德、有文化、有纪律的社会主义事业的建设者和接班人打好基础。

皇岗小学现有重度与轻度在册的特殊儿童47名，在班级常规管理以及教学中，给老师们带来了很多的困惑与难题。原因在于：第一，在普通教育系统内工作的教师，无论在入职前还是在入职后，都没有系统接受过有关特殊教育方面知识的培训；第二，老师们对特殊儿童在普通学校接受教育普遍持否定态度，认为特殊儿童应该到专门的特殊教育机构中接受教育；第三，老师们面对随班就读的各类特殊儿童不知道该如何与他们进行有效沟通，不知道该如何着手教育，指责抱怨特殊儿童并把他们看作是一种负担或置之不理的现象并不少见。

基于以上背景，就如何培养更多合格的、能胜任随班就读工作的教师，逐步引导他们转变教育观念，接纳特殊儿童，借助特殊教育的专业知识和方法，为随班就读学生提供他们需要的高质量教育，促进随班就读教师的专业成长等等，急需学校探索出一套外合内融、情智共生的校本化实施路径，是本课题研究的出发点和落脚点。

二、创新举措

为贯彻落实国家、省区市的特殊教育提升计划，完善特殊儿童随班就读的工作，逐步建立随班就读定点校、资源教室以及建立健全相应的政策保障机制，为本校特殊儿童提供全方位的教育服务和专业支持。根据学校实际情况配备一名专业特教老师以及根据需求同特教机构合作：引进特教老师助教服务项目，制定专门特殊教育课程表，纳入学校课程教学体系。做到理念到位，教师到位，课程到位，让每一个特殊儿童享受平等的教育。学校积极探索一套外合内融、情智共生的校本化实施路径。

（一）打造"舒适"与"建构"的生活环境

组织教师分析校内各类儿童的现状，倾听儿童及其家长的特殊需求，邀请专家、师生共同参与创设校内外教育生活环境。在强调环境"舒适度"的同时，注重环境给予孩子心智的"建构"。校园的每一个功能区域既能适应普通学生，也能关照特殊儿童。建设传统学习资源与数字化资源相结合的资源教室，支持特殊儿童的个性化康复与学习需求。我校资源教室设立在校园内一楼，门口设有无障碍通道，室内采用防伤害软包，资源教室内配备了办公、学习的基础设备和教学教具、感觉统合运动器材、心理康复训练类器材。

（二）构建"自主"与"协同"的适性课堂

学校资源教室设置学习训练区、资源评估区和办公接待区等基本区域，并整合医疗、康复专家对特殊学生进行医疗诊断，科学分析学情，对其特殊需要进行系统梳理，建立相应的教育支持系统，坚持"课上有指导、课后有辅导、作业个性化、评价特色化"的差异化教育方式。课堂上，我们既关注特殊儿童的不同认知水平，又保护他们的自尊心和自信心，借助新媒体设备为每一个学生提供多样化的信息呈现方式、行为表达方式以及参与方式，以适应不同学生的感知和理解，减少学习障碍，"不让一个学生掉队"。

（三）建设"专业"与"跨界"的教师团队

学校加强融合教育教师队伍建设，组建了一支"有普特融合背景""有普特融合教育培训证书""有多年随班就读教育经验""有爱心"的四有教师团队。在探索随班就读的模式上，目前，配备了一名专职在编的特殊教育教师，引进了服务机构和多名特殊教育课程教师服务项目，对随班就读特殊儿童进行筛查与评估，提出个别化教育计划（IEP）及教育安置。学校加大培训力度，先后组织教师参加省、市、区级专项培训，其中3名教师有省外学习国际前沿的融合教育理念。完善激励机制，通过晋级、评优、绩效考核等途径，调动教师参与融合教育实践的积极性。

（四）开发"丰富"与"适性"的专属课程

学校立足人的多元智能的八大领域，针对每一个随班就读学生的特殊需要，为每个学生制定了个别化教育计划，我校资源教室通过合作服务的方式为有特殊需求的儿童提供课程支持，通过个别辅导、小组学习、同伴协助和团体活动等组织形式，开设了入班辅导、个班化训练、社交训练、社交技能训练、作业治疗、手工艺活动、音乐治疗、运动康复、非洲鼓等特殊教育支持性辅导课程。

（五）建立"动态"与"系统"的评价体系

学校建立了特殊儿童动态评价体系。与特教机构合作，对特殊儿童进行入学评定，建立成长档案，翔实记录其成长和个性发展轨迹。制订个性化发展目标、选择合适的评价工具、收集分析资料证据、适时调整教学策略，做到评价标准多元化。为特殊儿童设计专属试卷，除笔试外，特殊儿童还可以选择口语、手势、绘画等多种方式完成检测。学校还在活动领域和其他领域设置科学小达人、护绿小卫士、表演小能手等专属荣誉称号，鼓励特殊儿童发展潜能，扬长避短。

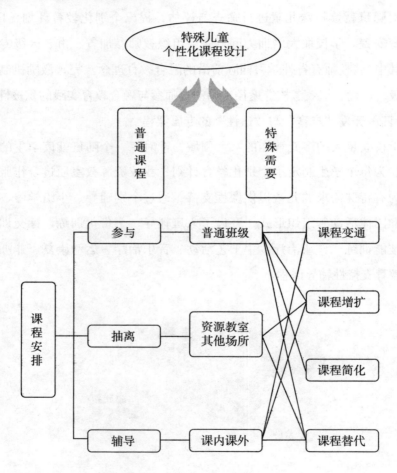

三、主要成效

"全纳教育"理念逐步内化为学校的自主办学行为，在区教育局教育科管理指导下，学校及教师对特殊儿童的接纳程度和做好随班就读工作的认可程度明显提高。

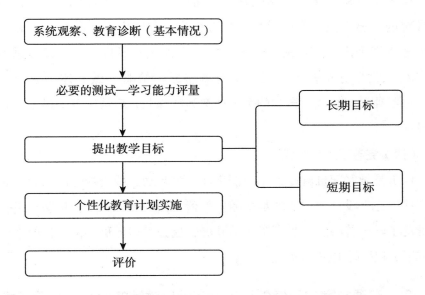

（一）加强了组织建设

领导重视是做好随班就读工作的基础。我校建立了以校长为龙头的领导小组。在组织的建构上，既选有爱心、工作责任感强的老师承担特殊儿童教育的班主任，又整合学校教育、德育、科研、心理健康教育的资源，以教务处为主导，定期开展随班就读的研讨工作，力图用最优良的教育资源保障学校的普特融合教育。

（二）加强了制度建设

制度建设是做好随班就读工作的保障。为了更好展开工作，皇岗小学制定了《皇岗小学随班就读管理制度》《皇岗小学随班就读教育教学工作细则》《皇岗小学随班就读课堂教学评价表》《皇岗小学随班就读

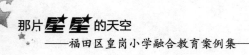

课堂观察表》等。皇岗小学将随班就读工作纳入到学校整体工作计划中，设定了工作具体目标。这些制度的建立使学校随班就读工作更加规范化、常态化。

（三）加强了档案建设

档案建设是特殊学生健康发展的需要，同时也是衡量和提高普特融合教育的重要方面。在区教育局教育科指导和规定下，我校为所有特殊学生建立了个人信息和成长档案，制订个性化发展目标、选择合适的评价工具、收集分析资料证据、适时调整教学策略，做到评价标准多元化。这些独立、规范、翔实的个人档案为特殊儿童后续康复提供了宝贵的记录。

（四）完善了评价方式

评价是做好随班就读工作的催化剂，为激励教师更加爱岗敬业，我校在评优评先上设立专门的"承担随班就读工作的加分项"。这些举措较好地推动了学校普特融合教育工作的开展，也为承担随班就读工作的老师们创造了更积极的工作空间。

四、资源教室的创建更加优化了随班就读的学习、生活环境

推行没有排斥、没有歧视的全纳教育理念，加快构建布局合理、学段衔接、普特融通、医教结合的普特教育体系，促进残疾孩子快乐成长、实现人生价值，良好的随班就读学习、生活环境离不开社会的关爱、家庭的陪伴、学校的教育以及同伴的交往，创建更为充分、良好的随班就读学习环境，学校也在逐步地探寻教育共同体的建立。

（一）主动依托社会专业融合教育机构

皇岗小学积极主动地进行了社会教育共同体的建立。我们依托星梦缘特殊儿童专业康复治疗机构，为特殊儿童的家庭打开了一扇窗，为学校普特融合教育寻求到了更为专业的指导。

（二）积极建立家校协同教育机制

皇岗小学开发了学校微信公众平台，资源教室建立了QQ群。100%的家长加入了资源教室QQ群，实现了家校间的良性互动。教务处、资源教室建立了常态的家校联系制度，认真倾听家长的育儿心声，热心传递科学的育人方法与理念，很好地促进了孩子的健康发展。

（三）用心搭建特殊孩子的学习、生活伙伴

在学校教育过程中，全纳教育主张在教师与教师之间、学生与学生之间、教师与学生之间，都应该建立一种合作的关系共同创建一种全纳的氛围。为了让全校47名特殊学生更好地融入班级集体生活，老师在班上成立了诸如爱心小分队等模式给需要的同学以帮助。所以在校园里经常可以看见这样的情景：上下楼梯有人搀扶、上厕所有人陪伴、课间有伙伴聊天、课后有老师耐心地辅导。

五、超越常规的课程管理有效提升了随班就读的质量

（一）注重培训，促进教师专业发展

为了使特殊儿童享受平等的优质教育，皇岗小学派随班就读的老师到外省普特学校参观，让青年教师参加"心理咨询师"的培训等，这些举措为个别心理和行为干预提供了专业保证。皇岗小学组织任课教师深入学习《中小学教师职业道德规范》《随班就读教育工作管理》等，增强服务于特殊学生的职业意识和高度的工作责任心，同时加强随班就读工作理论的学习与研讨，帮助教师寻求科学的育人方法。

（二）注重指导，由常规的教学行政管理向专业的课程管理转变

皇岗小学根据学生实际制订详细的作业计划，语文、数学、英语等每门学科都制订个别课程计划和辅导计划，并督促教师按计划严格落实，认真开展好每一项活动。较好地做到了融合，课程实施的有效度逐步增强，学校特殊教育管理的新常态也逐步形成。

（三）聚焦学生闪光之处推动特殊学生自信、自主健康发展

如：皇岗小学六（3）班林安庆同学性格内向不愿与人交流也不学习，课堂上40分钟的学习基本不能坚持到底。音乐老师见她喜欢唱歌，便在课堂上让她给大家唱歌。经过一段时间的歌唱练习，她渐渐获得了自信，也在大家的赞美声中不知不觉地互相交往了，学习也有了进步……

六、探讨

"随班就读"的教育形式还不是全纳教育思想的全部，但是，"随班就读"却为全纳教育打下了良好的发展基础，其主要意义在于：

（1）通过课题研究深入贯彻落实国家和各级政府关于"全面推进全纳教育"的部署，实现科学有效地实施全纳教育；通过课题研究使全纳教育这一国际流行的全新教育理念更加科学有效地实现中国化、民族化、地区化、本土化，以求科学有效地破解我国特殊教育学校和普通教育学校的二元隔离状态；通过课题研究，全面提高教师教育科学研究能力和水平，为科学有效地实施全纳教育掌握先进的全纳教育理论，实现理论对实践的指导；通过课题研究实现理论创新、观念更新，在研究中形成本土化的全纳教育理论。

（2）通过以全纳教育理论为指导，对特殊教育实现功能转型，由传统的单一学校"功能"向现代的多元化功能"中心"转型，全面推进全纳教育的实施，关注学校视障、听障、多动儿童的教育发展需求，发挥普特融合学校的引领作用。一方面向随班就读的视障、听障、多动、自闭学生开放校内资源，发挥普特学校作为资源定点校的教育功能和支持功能；另一方面向特教机构聘请具有扎实特理论功底和丰富特教教学经验的教师到学校常驻指导，协助随班就读教师开展随班就读学生的教育并提供咨询和建议，为本校特殊儿童提供全方位的教育服务和专业支持。

对儿童而言，小学教育就是发现其美、唤醒潜能、成全发展的过程。

在"各美其美，美美与共"理念引领下，我们将展开广视角、多维度、深关联的融合教育实践工作。构建"尊重、接纳、平等、互助"的校园文化氛围让所有孩子特别是那些有特殊需要的孩子，能无障碍地学习、生活、交往，成长为最好的自己。

参考文献

［1］李小波，黄志成.英国的全纳教育指南——促进学校中所有学生的学习和参与［J］.外国中小学教育，2002（1）：25–29.

［2］佟月华.美国全纳教育的发展进程［J］.济南大学学报（社会科学版），2002（1）：3–7.

［3］张宝蓉.以全纳教育的视角看教育公平［J］.教育探索，2002（7）：12–18.

［4］吴春艳.转变观念——实施全纳教育的前提［J］.中国特殊教育，2005（4）：2–6

［5］邓猛，朱志勇.随班就读与融合教育——中西方特殊教育模式的比较［J］.华中师范大学学报（人文社会科学版）.2007（4）：16–19.

［6］李拉."全纳教育"与"融合教育"关系辨析［J］.上海教育科研，2011（5）：14–17.

［7］刘艳虹，朱楠.融合教育中儿童发展状况的案例研究［J］.中国特殊教育，2011（8）：8–13.

小学融合教育的实践研究

深圳市福田区皇岗小学　杨土胡

与过去对特殊儿童的小学教育方式相比，融合教育更注重特殊儿童在生长进程中所经受的思想教育和集体教育。在小学融合教育的教学方式下，将特殊儿童与普通儿童放在一个教学环境中，让特殊儿童体会寻常的课堂气氛，提高其学习能力和交流能力，促使特殊儿童身体和心理的全面健康成长。在融合教育中，小学教师应牢牢理解该教育方式的关键影响，对特殊儿童进行检测，并依据检测结果规划有目的性的融合教育实施政策，提高融合教育的实效性。

一、融合教育的相关意义

融合教育的理论价值在于：通过学校及教师的支持和服务，营造温馨友爱的人文环境，帮助特殊儿童打开内心，主动接受并且愿意与外界加强沟通交流，普通儿童与特殊儿童都得到了与不同特质的人互动的机会，让他们看到并认识一个更加真实完整的世界，有助于帮助他们塑造正确的人生观、世界观及价值观。

融合教育的实践价值在于：通过对不同种类儿童的分析总结，规划制定不同的教学模式和课堂内容，有利于发现学生的优势智能领域，充分挖掘学生的潜力和特性，有效地实现和满足了学生多元智能的发展。同时，个性化的课程设计有利于教师改进优化教学理念，促进教师自身的专业成长。

二、小学阶段实施融合教育的必要性

在当下的社会环境中，国家的经济实力和国民的教育水平不断提高，融合教育将成为必然的发展走向，也是社会走向现代化的重要标志。

首先，对于特殊儿童来说，融合教育是一条能够满足其需求且保证教学质量的必行之路，对他们的学习及成长有着非常重要的积极意义。融合教育的实施为很多自闭儿童、残疾儿童等特殊儿童团体营造了优秀的教育及成长空间，可以极大地提高他们的语言组织能力、情感表达能力和集体适应能力，对于他们内心的成长也是益处良多。

其次，融合教育的方式还可以扩大我国素质教育的范畴，营造较好的社会氛围，完成共同进步的教育使命。融合教育不仅需要学校的配合，还需要社会及家长的共同努力，一起为特殊儿童给予援手，给他们更广阔的发展环境，促进他们更快地掌握融入社会的方法。

最后，小学阶段实施融合教育模式是人本主义思想的充分体现，秉持以人为本为核心理念，以实现真正意义上不让一个孩子落后的社会教育目标，体现出教育及人权的平等和公正，促进社会的和谐发展。

三、小学融合教育的实践路径

（一）专项检测，合理规划融合课程

小学教师应针对班内的特殊儿童进行专项检测，包括年龄、身体状况、社会偏向、表达能力、沟通能力、身体素质等，在检测过程中获取真

实有效的数据，并聘用专业人员或机构对检测数据进行评估，建立班内特殊儿童综合数据库。特殊儿童的整体评估务必由专业人员进行评价，因为特殊儿童的专项检测具有很强的专业性，具体多达数百个评价指标，是一个相对完整的特殊儿童检测系统。评估结果出来后，教师应结合评估结果和专业人士的教育提议，为班上每个特殊儿童规划有目的性的教学方案，确定不同时期的学习任务，建立有效合理的课堂学习方案。

（二）课堂加入游戏方式，提升特殊儿童的集体性

在小学融合教育中，小学教师应该丰富课堂的教学模式，多加入如游戏、活动等趣味性高的教育方式，指挥班内儿童一起玩耍，通过游戏加强对特殊儿童的心理辅导，提高特殊儿童与外部交流的频率和次数，提升特殊儿童的集体性。例如，老师不妨在课堂上进行"我非常喜欢你"的游戏环节，让班上的普通儿童和特殊儿童一起组成游戏小组，表达"我非常喜欢你，你的眼睛很漂亮"，"我非常喜欢你，你写得很好"等友好的话语，使特殊儿童可以感应到班内学生的理解和认可，协助特殊儿童降低内心的自卑感，促进特殊儿童对集体行为和人际行为的初步理解，为特殊儿童的未来发展打下良好的根基。

（三）家校携手，开展广视角、多维度、深关联的教育融合

实施融合教育过程中，要注重家庭的重要性，积极地推进家校统筹教育。定期组织融合教育的班级进行社会亲子实践活动，如参加博物馆、展览馆等，让特殊儿童感受到家庭的温馨和团队的融洽，感受更美好的生活和体验，确保融合教育模式的高质量实施，实现更深层次的家校教育融合。

四、小学融合教育实践的促进措施

（一）健全学校的特殊教育设置，确保齐全的物资基础

通常来说，学校提供针对特殊儿童的教育，会区分开设普通班、特殊教育班和多媒体教室，在一到六年级开设特殊教育班，建立两个相对不同的教学模式及教学制度。在融合教育的政策实施下，小学引入"随班就读"的概念后，特殊儿童纳入普通班级进行学习。此时，过去的小学特殊教育模式及制度已然不能实现普通儿童和特殊儿童在融合教育环境下同步学习的目标。因此，小学应改进和整合原有的两个教育模式，建立一个特别的、崭新的、完整的小学特殊教育模式和教育制度。此外，学校要根据自身实际，改善课堂环境，将普通课堂与特殊课堂结合起来，形成"普特结合"课堂，引入多媒体设备和互联网技术，改进课堂设施设备，为特殊儿童和普通儿童的融合教育提供物资保障，为小学融合教育的实施保驾护航。

（二）开展专项教学方式，充分尊重"普通"与"特殊"学生的差异

在融合教育政策实施下，我们会发现即便是在同一个课堂、同一个环境、同一个教学方式下，普通儿童与特殊儿童在学习能力、感受能力、思考能力等方面仍存在较大的区别。小学教师应该重视和理解这种现象出现的根本原因，并积极地引入有针对性的教学模式，平等地看待特殊儿童和普通儿童，使特殊儿童可以正确地认识自己，接受自己与他人的不同。此外，在专项教学中，教师可以在课堂上对特殊儿童进行适当的指导，减少特殊儿童的困惑。例如，可以指导有听力障碍的儿童学习美术，体会大自然的绚丽色彩，感受静默世界的独特和美丽，指导他们用图画和色调来传递内心的想法。

（三）突出融合教育的校园文化，实现文化融合

校园文化对融合教育有着较大的促进作用。小学教师应该认识到这一点。因此，小学教师要团结一致，踊跃营造优秀的校园文化，不定期举行融合教育的相关活动，让特殊儿童与普通儿童共同参加，让特殊儿童感受到浓郁的校园文化氛围。如教师可以组织学生参加艺术表演，让视力障碍学生进行诗歌朗诵，让听力障碍的学生进行沙画表演，让有语言障碍的学

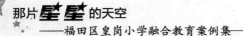

生进行舞蹈表演。如此，特殊儿童才能真正地融入学校的大家庭中，更利于他们的全面成长。

五、结束语

综上所述，融合教育是当下启动的一种有效的教育教学策略，可以促使特殊儿童身心更加健康地发展，提高特殊儿童德、智、体、美、劳的整体素养能力，拉近其与普通儿童的差异，让其打开心扉，更加健康快乐地成长。

参考文献

［1］林虹.创建融合教育示范学校的实践探索［J］.现代特殊教育，2018（7）：23–25.

［2］刘全礼.融合教育正走在大路上［J］.昆明学院学报，2018（5）：13–16.

［3］陈玉红.积极探索，全方位推进太仓市融合教育发展［J］.现代特殊教育，2017（17）：14–17.

［4］林虹.交流共融——浅谈外来务工人员子女的小学班级融合教育策略［J］.课程教育研究，2017（37）：18–19.

把爱的种子深植于学生的心灵深处

深圳市福田区皇岗小学　戴　智

　　教育家苏霍姆林斯基说过："一个真正有涵养的教师应该是对学生的内心世界十分关心，并从心灵深处去爱学生的人。"教育是一片沃土，孩子们便是一粒粒等待成长的种子，教师只有撒下爱、播种爱，孩子们才能健康苗壮地成长。种子埋下了，不要在乎种子的质量和品种，我相信每一粒种子都会发芽，最终开出耀眼的花。

　　作为有着深深教育情怀的我，深深地感受到"成长比成功更重要"，老师需要用爱来关注每一个孩子的成长，需要用爱来期待每一个孩子的成长。坚持"三心"教育，即对学生充满爱心，培养学生的自尊心，培养学生的责任心是我追求的教育理想目标。

一、倾注爱心，点燃心灵的火花

　　育人先育心，只有走进学生心灵世界的教育，才能引起孩子心灵深处的共鸣。人的交流，言语只是形式，情感却是从内心涌流出来的，尽管老师的交流对象是尚未成熟的儿童，但老师的情感是否真挚，孩子们是能真切感受到的。花了心血的老师，才可能收获"一田野饱含感激和敬仰的稻穗"。

在一次音乐课上，要求做一个配上动作并演唱歌曲的游戏。同学们都跃跃欲试，唯张波同学一人面无表情地坐在那。于是，我故意说："这么多同学都想啊，要不老师闭着眼睛来点名，好吗？""请第四小组第三个同学！是谁啊？"我早就看好了他的座位，故意大声点名。我想这回该表演了吧！谁知他怔住了，连哭带吼："我不会！"看着他的眼泪，我呆住了。……接着我几次把目光投向他，想以期待的眼神、友好的示意去挽回这种局面，唤起他的情绪。然而，他却耷拉着脑袋，垂着眼帘，再不看我一眼。

一下课，几个学生就围过来了，小声地跟我反映：张波同学成绩很差，他爸妈经常打骂他，他从来不和同学玩，很少跟同学说话，有时很凶！霎时，一股深深的自责涌上心头：怎么会这么粗心呢？才一年级的孩子呀，他应该是活蹦乱跳的……想到此，我牵起他的小手就往办公室走，我的心情忐忑不安，对自己不经意的忽略深感愧疚。随即我马上调整自己的情绪，微笑着对他说："刚才，我有点心急，不该当着全班同学的面非让你表演，这是我的不对，在这里向你道歉了！"

我校属于城中村的学校，非深户学生占了85%，由于父母忙于工作，无暇顾及，大部分孩子由爷爷奶奶、外公外婆看管，有的父母文化水平低从事低收入、高强度的工作，没有能力与孩子沟通，从而导致部分孩子行为习惯、学习习惯、养成习惯等很差。一旦孩子的考试成绩很差以及在校表现差被班主任或者老师投诉，父母往往采取的就是打、骂等手段解决，长期下来，孩子极易形成孤僻自卑的性格。作为音乐学科的老师来说，本身教的班级很多，教学任务繁重，各班调皮、习惯差的学生都有，会极大地影响本身的情绪，在教育的过程里，既需要调整自己的状态，更需要过多地倾注爱心去关注这些"问题学生"。

二、细心滋养，尊重学生的自尊心

孩子的心灵既美丽可爱，又十分脆弱。教师是在学生的心尖上行走的人，稍不留神，自己的言行就会给学生幼小的心灵带来伤害。而这种心灵的伤痕将难以修复，会成为教师心中永久的遗憾。教育需要细致，教师要像对待荷叶上的露珠一样，小心翼翼地保护孩子的心灵；教师要像对待尚未完成的艺术品一样，对成长中的学生进行细致入微的"雕琢"。

新学期刚接手三年级的音乐课，上课之前就听说有个十分顽皮的学生，上课期间经常捣乱，时常被各学科老师批评，而此同学从不在乎，也从不会改变，是每个老师眼中的"钉子"。自从我走进课堂，不管是歌唱还是律动表演，他正如老师及学生说的一样，喜欢动、喜欢叫、喜欢接话，时常课堂都不能完整进行下去。课后我在思考，他为什么会这样呢？是想引起老师的注意，还是想在同学面前证明他能行？放学后，我把李冰同学叫到办公室，通过交流，他的思维、心理没有什么扭曲的地方。通过了解，是因为学习不好，父母也不是很关心，年轻的班主任对孩子的心理活动关注度不够。其实，他是渴望得到同学、老师们鼓励与认可的。后来，我安排李冰负责上课前开电脑，打开课件，课后关电脑；在课中，我也不时地要他表演、回答问题，不时地表扬他，哪怕是一丁点的进步。有事情做了，老师关注他了，他也有存在感、成就感了，自尊心也得到了维护，后来表现也就越来越好了。

每个孩子都是独特的，只要我们走近他们，便会读到一个耐人寻味的故事。"欲求千里马，需爱百里驹。"老师应有一种积极的心态，相信每个学生都具有成功的潜能，对待每一个学生都能做到相信和尊重。我们常说的"学习有困难、学习成绩差的学生"也并非不可救药，他们都有成长发展的潜能。只要你细心滋养，多一点尊重，多一点微笑，少一点斥责，相信他们一定能感受到老师的善意，就会重新焕发出自尊心，重新焕发出新动力。

三、以身作则，培养学生的责任心

责任是一个人成才的基础。一个人的聪明睿智，只有根植于强烈的责任感的心灵深处，才能开出多彩绚丽的花朵，结出丰硕的果实，因此培养学生具有一定的责任感、责任心是我们教育工作者的职责。

老师需要通过自己的言传身教影响学生，用自己的实际行动去教育学生、感化学生，在培养学生的责任感、责任心方面更要起到示范、引领的作用。每天上午的眼保健操，老师若想下课了就回到办公室休息，让学生自己去做眼操，这对小学生来讲，他们的自觉性、规范性是难以做到的。离开老师的视线，学生做的都是随意的、不标准的，甚至课室都是混乱的状态。每当看到此景，看到我的课后眼操被扣分，甚至被学校德育处批评，我心中都有一种负疚感。之后，但凡属于我的音乐课后是眼操，我都是跟着学生们一起做完眼操，再回到办公室休息。渐渐地，调皮的班级学生每次眼操也自觉收敛，认真地、规范地做好眼操，我的陪伴，我的以身作则，不仅使学生增强了"责任"意识，更重要的是培养了学生的责任心。俗话说得好，身教重于言教。一个有责任感的老师，会给学生留下深刻的印象，学生的责任感也会在老师潜移默化的影响下逐步增强。

秦文君说："教育应是一扇门，推开它，满是阳光和鲜花，它能给小孩子带来自信、快乐。"而教师最需要坚持不懈的就是爱，要推开学生那扇尘封已久的心门，打开学生关闭已久的那扇心窗，呵护学生心叶上那颗晶莹的露珠，就需要我们把爱的种子深植于学生的心灵深处。只有把你的爱真切地传递给学生，那么，展现在你面前的才是一片湛蓝的晴空，一幅生动的画卷。

追逐心中的彩虹

——班主任班级管理工作感悟

深圳市福田区皇岗小学　戴　智

　　班主任是班集体的教育者、引导者和组织者，是学校教育工作的基础，是沟通学校、家庭和社会的桥梁，是学生健康成长的引路人，更是一个班级所有学生亲情的寄托、感情的依靠，他肩负着爱的传递，同时也肩负着梦的启迪。

　　作为学校的一名行政管理人员，观察到有些班级班主任管理很到位、很规范，有些班主任班级管理有待商榷，还有很大的提升空间。班级管理既是一门科学，更是一门艺术，如何提高班级管理效益，使班级管理的科学性和艺术性有机地统一起来，是我们每位班主任老师值得深思的一个课题，也是我们新时期班级管理工作应追求的理想目标。以下是笔者所观所想，与大家一起探讨：

一、需做好班级情况分析

教育家苏霍姆林斯基说过："一个真正有涵养的教师应该是对学生的

内心世界十分关心，并从心灵深处去爱学生的人。"只有对班级情况、学生个体现状特别了解，才能继续保持好的做法，完善待提升的地方，并关注后进生的成长等等，来加强班级的集体荣誉感。

想管理好班级，首先需了解各学年段学生的身心特点：小学一、二、三年级学生属于儿童小学学习和生活的适应期，思维正处于以形象思维为主，并逐步向抽象思维过渡的时期，模仿性强，是非观念淡薄。小学四年级学生正处在由儿童期向少年期转变的过程中，他们看问题仍然比较幼稚，对复杂的是非问题常常是分辨不清。小学五年级学生开始进入少年期，身心的发展正处在由幼稚趋向自觉，由依赖趋向独立的半幼稚半成熟交错的矛盾时期。小学六年级学生接触社会的面比以前广，吸取的信息也更多，对社会现象和国内外新闻比较关心，但选择和处理信息的能力还不强，还不善于对事物进行是非判断与辨析。只有充分了解学生的年龄身心特点、班级实情等，我们的工作才会井然有序，我们就能从日常琐事中抽身，盘点一天的工作，从而避免焦虑。比如，可以准备一本台历，每天提前十五分钟到校，写下任务清单，把当天要做的事，按时间及重要程度顺序排列，下班前进行小结，检查完成情况。这样，班级工作就会有条不紊地进行，班主任的情绪也会比较稳定。

二、需重视开展班级活动

班队会是班主任通过各种主题活动对学生进行思想道德教育的重要阵地，是展现学生才华、锻炼学生能力的重要舞台，也是班主任进行班集体建设及自身专业化成长的有效载体。认真组织班或队的主题活动，班集体凝聚力的形成，良好师生关系的形成，以活动为载体，以活动为契机，因为这样才会有思想和情感的碰撞，这便是此时无声胜有声。

让孩子们做主角、当主唱。如让学生通过"大声说出爱"的活动学会情感表达；通过参与学校艺术节，让学生学会勇敢和团结；通过教师节送贺卡，促进师生关系的和谐；通过"六一"儿童节献爱心捐助的活动，增强学生的爱心；通过感恩教育活动，让学生学会反思；通过畅想童年的活动，促进家长和孩子的相互理解……甚至把学生带出教室，去春游、欣赏高雅音乐、观美术作品等。学生真正地感受社会、体验生活、回归自然，我的教育目的达到了，班级的凝聚力也就增强了。

三、需做好家校联系工作

做好家访工作十分重要而且必要。它是学校与社会和家庭联系的重要途径，是联络师生感情，教育好学生的重要手段，是教育工作的重要环节。只有通过家访，教师才能更好地把学校教育和家庭教育紧密结合起来，收到更为良好的教育效果，更能把自己在教学中的一些措施和做法跟家长交换意见，争取家长的支持和配合，在家长的配合教育下，后进生学习积极性的提高，辅导的效果，自然就事半功倍了。

四、需重视培养优秀班干部

一个好的班主任要重视班干部的培养，还要善于培养班干部，让学生来管理学生，把我们班主任从烦琐的工作中解放出来，不必事事躬亲，这样我们班级管理才不会太吃力，就可以把更多的时间和精力放在教学的钻研上。比如，班主任可以采用大家民主投票的方式选出班里班长、学习委员、劳动委员、文艺委员，等等，班级的管理工作在班主任的指导下分配给班干部去做。做到一周或者两周开一次班干部会议，对于做得好的要表扬，有待提升的及时进行总结。为了提高每个学生的积极性和主动性，还可以采用班干部轮流制度，鼓励工作中出色的学生，同时及时纠正某些学生在管理中出现的一些错误，这样，班主任的管理得到解放，学生的组织能力、管理能力得到提高，同时学生的自信心和成就感也得到了满足。

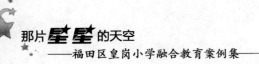

五、需重视每次家长会的召开

家长会作为家长和老师沟通的重要方式，是学习工作的一个重要部分。成功的家长会有助于家庭和学校之间建立一种"理解，信任，目标一致"的合作关系。

（一）会前准备需充分

有明确的主题，不要大事小事不分层次。设计好开会的程序，安排好科任老师演讲顺序。在开家长会之前，要做到心中有数，想清楚家长最想听什么，最想了解什么，最想知道什么。布置好教室，营造一个轻松友好的环境：前黑板，欢迎标语（或者PPT展示）；后黑板或者墙壁两侧，学校班队会主题教育、班级文化展板、班级活动风采、班级学习目标、量化考核统计、学生作品展、科任教师和班干部介绍等。

（二）准备好讲话稿

就班级管理目标、班级管理措施、学科教学、家长需要配合的工作等向家长作一个全面的工作报告，让家长对学校、班主任、科任老师的工作放心。做到演讲具有科学性、针对性、教育性。自己做过的工作一定要讲，让家长了解自己、佩服自己、支持自己，千万不要过分谦虚，让家长误会你、看不起你。对各学科教学、考试分数情况分析，分析班级发展状况及班级在年级所处的位置，科学介绍班级在今后的工作打算等。

（三）做好班级学情分析

要讲每一个到会家长的孩子的表现，包括思想、学习、工作和纪律等方面的表现，尤其突出学习和纪律方面。班主任在家长会上要让每一个家长都能高兴地看到他的孩子的优点和冷静地看到存在的不足且还很有信心。当然，学生普遍存在的问题要反映，家长有疑问的情况一定要解释，也不能避实就虚，忽悠家长。

（四）对家长提出希望和建议

指出哪些方面是要家长配合的，哪些要家长管理的，如何管等等。望家长以后多与教师联系，对自己没有能及时和家长沟通要解释并致歉意，表明以后一定把工作做得更好。不要对家长发牢骚，要诚恳。注重谈话技巧，切忌开成发牢骚、家长听批评的"批斗会""告状会"，还要考虑到学生的感受，不要让学生和家长认为你是个没本事就会告状的人。

教育是一门艺术，需要用心去做每一件事情！教育不是灌输，也不是强迫，更不是生产……教育是艺术的过程，班级管理更需智慧管理。总之，班级管理是一项烦琐的工作，班主任需要掌握管理的艺术，为学生创设轻松愉悦的课堂氛围，拉近与学生的距离，成为学生的良师益友。追逐心中的彩虹，向着优秀班主任班级管理幸福出发。

如何对待"特殊的他们"

深圳市福田区皇岗小学 戴 智

陶行知先生曾说做教育是"捧着一颗心来，不带半根草去"。特殊学生普遍胆小怯弱，警惕心和戒备心极其强，走近特殊学生要从心开始。作为教师，只有热爱学生，走近学生，特别需要尊重、信赖、爱护学生，使学生真正感受到来自教师的温暖和呵护，教育才富有实效。那些在学习、行为、思想等方面存在一定偏差的学生，我们称之为"问题学生"。他们往往被忽视、被冷落，殊不知，学生看起来最不值得爱的时候，恰恰是学生最需要爱的时候；错过学生的一个教育机会，说不定就错过学生的一辈子。

特殊学生，一般无外乎以下几种：学习成绩差、不遵守校纪校规、家庭情况特殊。他们一般都有很强的自卑心理，为了不让别人瞧不起他们，他们往往采取极端的方式，有意无意地制造点儿小麻烦送给你，以便引起你的注意。针对这些特殊学生的特点，我觉得作为老师应在思想上、生活上和学习上给予他们特殊的关心和爱护，以激起他们的生活学习热情。对于特殊学生的教育，我们不能本着听之任之、置之不理的态度，也不能采用强硬的教育方法，要用爱心去走近他们，用耐心去感化他们，要抓住他们的闪光点和点滴进步，对他们进行耐心细致的教育，使他们早日脱离人生的阴影，走好人生的每一步。

一、让真诚镌刻在彼此心灵之间

实施素质教育，要求学校注重全体学生，让每个学生的个性特长都得到进一步发挥。作为老师，应该关心爱护每一个学生使全班每一个学生都有所发展，即"鼓励优秀生冒尖，促进中间状况生争先，帮助后进生过关"。有人说，教师要做到"一切为了学生"不易，而要做到"为了一切学生"则更难，此言不无道理。我国有位教育家曾在中学生中举行过一次《假如我是老师》征文调查活动，结果发现，在征文中，绝大多数的学生提到，假如自己是老师，一定平等地对待班里的每一个学生。有位中学生写道："假如我是老师，我就要像太阳，把自己的光和热平等地洒向每一个学生，温暖所有学生的心房。"毫无疑问，这是发自学生心灵深处的呼唤。教师热爱学生，就要对所有的学生一视同仁。陶行知曾语重心长地讲："你的教鞭下有瓦特，你的冷眼中有牛顿，你的讥笑里有爱迪生。"

首先要摆正自己与学生的位置，要认识到教师是"传道授业解惑者"，同时教师又是以学生为服务对象的，即教师是为学生服务的，教师的任务不仅是教知识、讲道理，更是为促使学生成才、成人而创造条件。要让学生相信你，愿意你为他服务，你就必须坚持一个"诚"字，以诚待人，以诚取信。

有的时候我们也发现有些孩子可能在沟通上与你有些障碍，比如说：你问一个很简单的问题，他却也只是呆呆地望着你，并不作答。在这个时候，教师往往容易心急，而没有办法心平气和地让谈话继续下去，到最后什么也得不到。碰到这样的学生一定要多表扬，多鼓励，让谈话走进心灵深处，让学生感觉到老师是真正地关心他，他才能对你说说他的心里话，我们才能解决问题。

二、让自信重回初始的学习状态

苏霍姆林斯基说过："让每个学生在学校里抬起头来走路。"而我们关注的特殊学生往往严重缺乏自信，甚至有严重的自卑，他们的心灵极其敏感，可能在你不经意间说的一句话做的一个动作就已经伤害了他们。因此，老师要在教育过程中，帮助学生消除这种自卑，多一点表扬，少一点责骂。我们班有这样一个学生，一直很自卑，平常都是低着头不说话，甚至连吃饭的时候都是把头低得不能再低。但是在一次班队课上我当着全班小朋友的面重重地夸奖他平常认真，不调皮后，我发现他有了一定的改变，做事情更加积极了，而且平常的学习生活也变得活泼起来了，对于学习也有了信心。再通过与家长的及时联系，让老师与家长一起，帮助学生构建一个充满自信的学习氛围。

自信有了，对于学习更有了一定的兴趣，兴趣是学习的最大动力，因此学习成绩也会跟着有所提高，良好的学习习惯才可能养成，这样才可以真正帮助到特殊学生。

三、让爱的阳光直抵学生心灵深处

从许多优秀教师的实践经验看，读活这本书主要表现在对自己每个学生都能做到观其言行而察其心灵，摸透他们的性格特征、志趣爱好、气质性格，以及形成个性特征的内部环境和外在因素，从而做到因材施教，按需施教，"一把钥匙开一把锁"，及时预见到某些正要发生而尚未出现的现象，以自己创造性的劳动来影响教育的过程。

教师对学生的爱，是无私的，是高尚的，这是教师一切行为的内在动力。但一般来说，教师爱的"甘露"洒向那些聪明伶俐成绩好的学生比较多，洒向那些学习成绩差、行为规范差的学生则比较少。我注意到了这个问题，便采取了与此不同的做法，我认为"特殊生"更需要"爱"，较之于好生，"特殊生"更需要关心，需要老师的爱的滋润。往往你的一句不经意的表扬，可以让这些学生高兴很久；而你一句简单的批评，也有可能让学生记忆很久，难过不已。因此老师一定要从自己平时的言行出发，时时提醒自己，要关注这些特殊学生，经常地给予表扬，多关注。

"特殊学生"的教育在于找到其"特殊"之处。青少年时期，是一个人由童年到成人的"过渡期"，将为一个人一生的发展奠定基础。从这一方面看，这是一段"黄金时期"，但这又是一段问题成堆的"危险期"。所以作为教育工作者应当做好学生的心理保健医生，尤其要重视特殊学生的心理特点，积极引导，帮助他们顺利度过这一"黄金时期"。每当看到学生的成长与进步，尤其是"特殊学生"的转变时，我的心里总会感到莫大的欣慰与快乐。

帮带小组：特殊儿童"读好"的关键

深圳市福田区皇岗小学　黄育辉

融合教育是反对歧视，实现教育公平，倡导积极参与，注重集体合作，尊重生命个体，满足不同需求的全面发展全员发展的教育。开展特殊儿童随班就读是保障特殊儿童接受义务教育的重要途径，是满足所有学习者多样化需求的过程，目的是让所有学生在成长的道路上一路花开，实现生命的绽放！

依据《"十四五"残疾人保障和发展规划》中社会保障和基本公共服务发展指标，至2035年，特殊儿童接受义务教育（随班就读）入学率预期达到97%，实现适龄残疾儿童少年"一人一案"的融合教育势在必行。《残疾人教育条例》《深圳市特殊教育提升计划》：倡导让特殊儿童能够得到平等教育权利。儿童心理学研究表明，特殊儿童融入班级的教育教学活动，可以提高自身智力和群体智力并形成互补，利用这种途径发展潜在智力。帮带小组是群体智力互补的形式，是推动特殊儿童全面发展的有力"工具"。

成立帮带小组可以形成良好的学习环境，潜移默化地熏陶特殊儿童，使其因伙伴增强学习自信心，可以使特殊儿童在学习、活动、生活等方面获得帮助，提高发展水平。因此，开展组建帮带小组，创设帮带活动，实施帮带评价，是驱动特殊儿童"读好"的重要途径。做法如下：

一、建立帮带小组

建立帮带小组是实施帮带活动的方式，是帮助特殊儿童"读好"的基础。融合教育理念要求教师尊重每一位特殊儿童的实际情况，对症下药地实施教学活动。建立帮带小组的目的之一是营造良好的学习氛围，使特殊儿童融入团队接受体验感受熏陶，由此产生表达的欲望。特殊儿童在性格方面存在较为明显的差异，有内向，也有外向。大部分特殊儿童因自身不足，性格较为内向。基于儿童的性格特点，在成立帮带小组的时候，可以将不同性格的儿童纳入一个小组。将性格内向的特殊儿童与性格外向的普通儿童组建为一个帮带小组。鼓励普通儿童发挥自身性格优势，在伙伴的基础上进行互动交往，如邀请伙伴做活动，给伙伴读书等，用点滴的行动拉近与伙伴的关系，创造和谐的小组氛围。在日常教学中，普通儿童还要体谅伙伴的特殊性，耐心地扮演"小老师"角色，就学习内容对伙伴进行指导。实践证明，在普通儿童的良好作用下，大部分特殊儿童会慢慢地敞开心扉，乐意与伙伴交往，不断提高社会交往能力，以关爱之帆，启互助之舟。

二、创设帮带活动

帮带活动是帮带小组的实践表现，是普通儿童与特殊儿童进行交往的载体。课堂和课外是普通儿童和特殊儿童进行交往的主阵地。教师应把握课堂和课外的互动时机，创设多样化的帮带活动。

（一）创设课堂帮带活动

课堂是特殊儿童学习学科内容的重要平台，按照课堂教学活动化的方式，以帮带小组为基础，以教学内容为依据，创设多样活动，为普通儿童

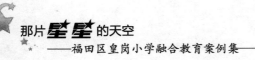

和特殊儿童提供帮带机会，驱动普通儿童指导特殊儿童学习。

阅读是课堂教学活动的重要内容。在实施阅读活动的时候，教师先引导学生们自读课文，边阅读边勾画内容中的难点，鼓励学生们自己联系文章整体解读难点，并与小组成员进行交流，鼓励耐心倾听特殊儿童表达的观点，同时提出自己的看法。当看法不一的时候，学生们很容易产生探究兴趣，在黑板上写出学生们的难点，鼓励学生毛遂自荐阐述小组讨论结果。当性格内向的特殊儿童有不同看法的时候，普通儿童可以鼓励他们并认真倾听，以此实现集体交流。在学生们理解文章后，鼓励普通学生和特殊学生们轮流扮演"小老师"角色，带领班级进行阅读。不仅可以发挥帮带小组作用，还可以使特殊儿童更好地融入集体，增强自信心，使帮带小组夯实"读好"基础。

（二）创设课外帮带活动

课外活动是课堂活动的拓展，小学生对各种游戏有浓厚兴趣，在实施课外活动的时候，可以编创多样游戏，使帮带小组的成员们在体验游戏乐趣的过程中，互相帮助。

以绘本故事游戏为例，可以挑选学生们感兴趣的绘本，以帮带小组为基础让他们借助图文阅读理解绘本，创设扮演角色这一游戏，合作阅读绘本。普通儿童要发挥自身优势，耐心地指导特殊儿童阅读，帮助读准每一个字的音。接着，选择各自喜欢的角色进行扮演，以达到绘本故事游戏的目的。为了将角色演好，普通儿童和特殊儿童都会一次次地阅读绘本，普通儿童应帮助纠正特殊儿童的发音，同时教给特殊儿童使用不同语调、语气的方法。实践证明，学生们通过体验课外角色扮演活动，不仅让特殊儿童理解了绘本内容，还锻炼了语言能力。

三、实施帮带评价

评价是课堂教学的重要构成部分，是激励学生发展的"工具"。越来越多的教师重视赏识评价。特殊儿童受到自身情况影响，存在自卑心理。帮助他们树立自信心，便于引导他们"读好"。

在实施日常教学的时候，应用赏识的眼光观察特殊儿童，发现他们的进步之处或良好表现，有针对性地对其进行鼓励，使其获得满足感，重塑自信心。依托课堂和课外活动，先引导帮带小组中的正常生立足自身对特殊儿童的观察和了解情况，就他们的良好表现进行赏识。伙伴的赏识很容易使特殊儿童获得心灵满足，乐于与伙伴交往，增强自信心。实践表明，大部分特殊儿童在伙伴和教师的赏识下，发现自身进步之处，因此乐于体验帮带活动。

综上所述，有效地组建帮带小组，创设帮带活动，实施帮带评价，有利于保障特殊儿童接受公平的教育权利。在实施融合教育的时候，可以以生为本地成立帮带小组，把握课堂和课外时机创设帮带活动，及时地应用赏识评价，使特殊儿童不断提高口头和书面表达能力，使每一个特殊儿童都能在活动中受益，赏识和多元评价必不可少。

"苔花如米小，也学牡丹开。"这正是我们需要的。

参考文献

［1］徐德刚.融合教育让特殊儿童的生活充满阳光［J］.新课程，2020（1）：22-23.

［2］李锦芳.生本为先 融合教育——谈特殊教育学校育人管理的创新路径［J］.教育界，2020（14）：73-74.

［3］欧阳叶.论随班就读智障儿童的融合教育及实施策略［J］.绥化学院学报，2020，（1）：9-13.

融合教育下激发特殊儿童语文
学习潜能的有效策略

深圳市福田区皇岗小学　宫春霞

　　语文教育是所有学科教育的起点，对于儿童的三观塑造等方面有着重大的影响，对于儿童的健康成长有着重要的帮助。特殊儿童在智力或身体方面存在着一定的缺陷，这些使得他们在学习过程中有着较大的困难。特殊儿童的语文教学要因人而异，根据每个特殊儿童不同的特征，制订相应的教学方案，扫除特殊儿童学习的障碍，让他们在融合教育的背景下，感受到知识的魅力，激发他们的学习潜能，达到真正的教学目的。

　　融合教育在全国各地推行开来，对促进地区教育公平有着巨大的作用，如何才能有效地发挥融合教育的作用。把激发特殊儿童语文学习的潜在能力作为例子，本文认为，要在正确分析特殊儿童的特质的基础上，从给特殊儿童创造良好的学习条件，教学内容创新，教学方式多样和赏析特殊儿童等方面采取相应的措施，来激发特殊儿童语文学习潜能。

一、注重留意，提供良好的学习条件

要让特殊儿童和普通儿童受到同样的教学待遇，比如享受同等的教学环境和同等的教学水平，才能让融合教育发挥它真正的作用。老师作为教育教学的主体应该关注特殊儿童群体，尽可能地弥补他们的身体缺陷，让他们能够与普通儿童一样平等地参与到课堂的学习中，去学习和收获。

例如，在安排学生座位时，老师应尽量照顾有听力障碍和视力障碍的特殊儿童，把他们安排在教室前方，以便他们能够听到和看到，也能照顾到他们，在融合教育课堂中，对于听力有障碍的特殊儿童，教师应在讲课时注意不要声音过小，也不要离他们太远。为照顾有视力障碍的特殊儿童，老师在黑板书写时字体要写得清晰明了。保证他们能够听清楚和看清楚。在融合教育中，老师们要注意照顾到特殊儿童们的需求，使得特殊儿童与普通儿童一样，能够在较为舒适的学习环境中进行学习。

二、教学内容创新，贴近特殊儿童的实际情况

在语文教学过程中，教师不应该被教材束缚，要能根据特殊儿童的语文生活实际对教学内容进行适当的创新。充分考虑特殊儿童感知能力较差，分析概括能力弱。教师可以选择贴近特殊儿童生活实际的教学内容进行讲解，吸引特殊儿童的注意力，激发特殊儿童的学习积极性，发挥他们的主观能动性。特殊儿童对事物的认知还仅仅存在于直观感受这一阶段，教师可以通过制作一些能够让特殊儿童直接感受到的卡通图片、贴纸等道具来帮助他们对语文知识的理解和把握。只有将语文知识和特殊儿童的实际生活结合起来，方便特殊儿童学习理解，激发特殊儿童学习语文的兴趣，才能更好地让特殊儿童融入课堂学习中，通过他们的自主学习，才能更好地体会语文知识的乐趣。

三、教学方式多样，减除特殊儿童语文学习的障碍

特殊儿童由于智力或身体原因，他们在语文知识的学习过程中会出现信息接收缓慢，刚记住知识不久就遗忘等问题。这时教师的教学方式方法就十分重要。为了特殊儿童能够更好地接收语文知识，教师可以采取"课上集体教学+课下小组指导"的灵活教学方式。课堂上老师可以为学生们设计多层次、由浅入深层层递进的学习策略。反复讲解语文知识，让学生多听、多读和多写，先让特殊儿童能够记住语文知识点，再多开设一些有趣味性的游戏等等，让他们能够真正地理解和运用这些语文知识。课后还可以充分发挥普通儿童的作用，让成绩优异的普通儿童和特殊儿童组成学习互助小组一起学习，互帮互助，共同进步。既可以增进特殊儿童与普通儿童之间的感情，同学间友善相处可以为特殊儿童营造良好的成长环境，还可以帮助特殊儿童向更优秀学生看齐，激发他们的语文潜能。

四、赏识特殊儿童，树立特殊儿童语文自信

特殊儿童由于自身缺陷，反应能力、学习接收能力会相对于普通儿童较差一些。特殊儿童看着普通儿童反应快、学习能力强，而自己总要比别人慢一些、差一些，心中难免会产生不自信甚至自卑的心理。这时特殊儿童的学习主动性难免会大打折扣。要想克服特殊儿童的学习障碍，教师要适时采取相应的措施对特殊儿童进行正确的引导。在语文教学中，教师不应该仅仅看到优秀的儿童，还应该看到特殊儿童的点滴进步，对于特殊儿童的进步，要及时鼓励、支持和引导。

让特殊儿童重拾语文自信的方式多种多样。可以采取相应的道具，例如在特殊儿童取得进步时，发放一个鲜艳的小红花贴纸，在特殊儿童的语文作业本上盖上一个"好孩子"印章等等，来鼓励他们再接再厉。还可

以采取口头表扬的方式，例如，"你这个写得也太好了""你真聪明"和"你说得也太棒了"等这些激励的话，能够极大地提升特殊儿童的自信心，让他们主动参与到语文学习当中，激发出自己的无限潜能。

五、家校协同合作，助力特殊儿童成长

特殊儿童的教育不能仅仅依靠学校的教育，还得充分发挥出家庭教育的重要作用。家长也会起到积极引导作用，但由于缺乏科学管理的教育知识，无法系统性地对特殊儿童进行教育，教育成果收效甚微。学校可以对家长进行相关的系统育儿知识培训，教师和家长根据每个特殊儿童的特点共同制订个性化的教育方案。开展家庭育儿主题班会，家长在主题班会上分享育儿的经验和教训，老师再为家长答疑解惑。开展家庭语文实践活动，让家长和特殊儿童共同去探索语文知识，增添语文知识的趣味性，增加特殊儿童的学习主动性，让家长也能看到特殊儿童的努力和进步，更加了解特殊儿童，营造良好的家庭学习氛围，让家庭和学校形成合力，共同推动特殊儿童的成长。

六、结语

每一个特殊儿童都是祖国需要呵护成长的花朵，他们虽然有着缺陷，但是只要能够积极正确地引导，就有无限的可能。教师最先做到的就是意识上的认可与理解，要有耐心和信心去引导这些特殊儿童，从语文教学的内容、方式方法、激励评价等各个方面去探索和研究。结合特殊儿童的实际情况，有针对性地采取相应的教育教学方案。家长与学校协同，形成合力，激发特殊儿童的语文学习潜能。在前行的过程中，要不惧困难，勇于挑战，携手共进，用爱的双手托举他们呵护他们，让他们也能像普通儿童一样健康快乐地成长。

参考文献

［1］梁松梅.每个孩子都是一首歌——我与融合教育［M］.北京：人民日报出版社，2012.

［2］靳丽霞.这样鼓励孩子最有效［M］.北京：新世界出版社，2010.

［3］邓猛.融合教育理论反思与本土化探索［M］.北京：北京大学出版社，2014.

自闭症儿童随班就读存在的问题及对策研究

深圳市福田区皇岗小学　邹丽琼

一、自闭症儿童的特点

自闭症又称孤独症，泛指一组导致显著社交、沟通和行为方面困难的广泛性发展障碍，患有自闭症的儿童具有行为刻板、情绪异常、感官失调、社交障碍、智力低下等特点。

行为偏执，难以适应变化。具体表现为重复的提问、重复的动作、墨守成规等。他们喜欢重复提问同一个问题，如"老师电脑关了没有？"在课堂上会无意识地重复某些行为，如开合铅笔盒，用笔杆重复敲打窗框，站起来不停甩手跳动。教室里的某个东西只能放在特定位置不能移动，上课的课表安排也不能变动，一旦周围的环境或事物发生变动，他们会感到不安，非常抗拒。如老师没有按时下课，他们会大声提醒老师：下课了，要回家。

情绪不稳定，容易大喊大叫、发脾气。自闭症儿童往往难以表达自身的需求，容易积累紧张或不满情绪，一旦他们的需求得不到满足或身体不舒服时，可能会通过发脾气、大喊大叫来表达自己的感受，甚至出现自残等异常行为。

注意力涣散，容易分心。自闭症儿童知觉异常，可能对光线、声音和触觉有过度反应，这导致他们容易受到外界的刺激或影响，难以集中注意力。如听力较为敏感的自闭症儿童会对某些声音有过度的反应，运动与平衡感低敏的自闭症儿童，不喜欢静坐，喜欢离开座位进行活动。

难以解读别人的行为，甚至有沟通障碍。大部分自闭症儿童很难理解别人说话的意思，对别人所讲的内容不感兴趣，只顾进行自己的活动，对他人的提问常常没有回应，会在某些场合做不适宜的行为，如在课堂上大声说话，不合时宜地重复提问。

自闭症儿童由于其生理和心理缺陷，需要特殊的关怀和教育。一方面，他们需要特殊教育老师为其制订个性化教育计划，在专门场所进行康复训练；另一方面，他们又需要在和同伴的交往中，掌握一定的知识和社会技能，以便能更好地融入社会。为此，全纳教育、融合教育应运而生，随班就读就是其中一种重要形式，但自闭症儿童随班就读在实践中切实存在一些问题。

二、自闭症儿童随班就读过程中存在的问题

自闭症儿童随班就读缺乏完善的支持体系。自闭症儿童与普通儿童不同，由于生理的缺陷，他们在进入普通学校随班就读后难以跟上班级的学习进度，需要特殊教育老师为其制订个别化计划，设立融合课程，帮助他们融入校园生活。但很少有普通学校配有资源教室和特殊教育教师，这不仅不利于自闭症儿童融入集体生活，也让普通教师在课堂教学中遇到突发状况时，难以处理，分身乏术，影响正常的课堂教学秩序。

普教老师没有掌握特教技能，缺少特教经验。普通教师虽然大多是师范院校毕业，但并没有系统学习过特殊教育知识，尚未了解如何与自闭症儿童相处，甚至部分教师还存在教育观念的滞后，对自闭症儿童随

班就读存在一定的抵触心理，认为自闭症儿童的问题行为给集体课的课堂教学秩序造成很大的干扰。目前，大多数学校的班级人数还比较多，教师教学任务重，且普通教师在特殊教育方面存在知识盲区，难以根据自闭症儿童的特点，制订相应的个别化教学计划，这就导致了自闭症儿童无法适应校园生活，在课堂上往往无事可干，不受关注，积累了不良情绪后，他们往往通过一些过激的行为表现出来，如在课堂上尖叫、自伤、注意力涣散、违抗、发脾气等。

尚未形成多元的教学评价方式。自闭症儿童的教学目标与普通学生不同，更注重培养其人际交往能力，让其掌握相关的知识技能。传统的教学评价方式注重结果性评价，缺少过程性评价，注重分数，但分数的高低无法反映自闭症儿童的进步，这也让随班就读的自闭症儿童无法体验到成功的喜悦，降低其学习的积极性，甚至产生逃避行为。

自闭症儿童自身的缺陷导致家长和学生对其接纳度不高，甚至有排斥心理。普通小学生的年龄较小，心智尚未成熟，不了解自闭症儿童的特点，在人际交往中，他们更愿意和普通的孩子交朋友，这也导致了自闭症儿童在校园中很难交到朋友，甚至有的自闭症儿童会被普通同学取笑和欺负。由于生理缺陷，自闭症儿童经常有在课堂上发出尖叫、重复提问、甩手蹦跳、敲打身边物体发出异响等干扰集体课堂的教学秩序的行为，甚至有攻击行为。大部分的普通学生家长担心孩子会被吓到或学习会受到影响，对自闭症儿童随班就读缺乏应有的理解，甚至会出现联名要求学校劝退自闭症儿童的情况。

三、针对问题提出相应的对策

（一）从学校层面，构建支持体系，为自闭症儿童随班就读提供保障

1. 建立资源教室，配置特教老师，为其制订个别化教育计划（IEP）

资源教室一般设置有运动康复统合训练区，心理宣泄区，补救教学区，个别化训练室，配有特殊教育专业教师，是特殊儿童个别化教育和进行康复训练的专门场所。资源教室就是普通教育和特殊教育之间的桥梁，特教老师能利用资源教室的软硬件设备为普通教师和自闭症儿童提供帮助。

对于自闭症儿童而言，他们大部分时间可以在普通班级随班就读，部分时间可以到资源教室上个训课和进行康复训练，以便更好地融入普通学校生活。对于普通教师而言，一方面可以通过资源教师提供的各种资源提升自己的特殊教育教学能力，另一方面也能通过和资源教师的交流，进一步了解自闭症儿童的身心特点，与其共同制订个别化教育计划，并根据自闭症儿童的改善情况及时进行教学策略的调整。

2. 加强普通教师的特殊教育专业培训

学校应号召并组织教师学习特殊教育的相关专业知识，如邀请特教专家到学校开展自闭症儿童教育教学培训，与特教老师定期召开融合教育会议、进行个案分析、依托继续教育课程等，帮助普通教师了解自闭症儿童的行为、情绪特征，让普通教师掌握一定的特殊教育技能，从而更好地和自闭症儿童进行沟通，处理自闭症儿童在课堂中突发的情绪与行为问题，提高课堂效率。

3. 加强家校合作，帮助家长制订相应的家庭个别教育计划

自闭症儿童要适应陌生的环境，融入班集体离不开社会、学校、家庭的多方护航。学校可定期召开融合教育家校会议，让家长了解自闭症儿童在校情况，并配合资源教室老师为孩子制订的个训计划，让孩子在家中也进行巩固训练，通过反复的练习，让孩子的情绪和行为问题得到改善。家长也应及时向资源教室的特教老师和班主任反馈孩子的进展情况，以便教师及时修订完善个性化教育计划。

（二）从教师层面，多管齐下，从以下几方面提供支持

自闭症儿童与普通孩子的理解能力和学习能力都有很大的差别，在随班就读过程中，他们会遇到各种困难，身为随班就读的班主任或科任教师，对待随班就读的自闭症儿童的态度和所采用的教学方法，都将对自闭症儿童的成长产生巨大的影响。以下将从教学目标的改变、教学语言的改变、评价方式的改变等方面具体提出建议。

1. 因材施教，实施分层教学

儿童发展具有个性差异，自闭症儿童更是如此，他们个体能力差别很大，教师在确立教学目标时要充分考虑自闭症儿童的能力水平，具体情况具体分析。首先，教学目标难度不宜过高，超出其能力水平的要求会让自闭症儿童有挫败感，甚至产生逃避行为。其次，自闭症儿童学习内容的侧重点也不同，除了学科知识和技能，他们更需要在集体中学习与人交往，提高人际交往能力，体验与人亲近和获得成功带来的愉悦感受，掌握融入社会所需要的基本知识和技能。

2. 改变教学语言，可配合图片和手势提醒

教学语言要尽量简洁，明确指示做什么和怎么做，避免描述语太多对自闭症学生造成思维干扰，避免重复提问和反复确认其回答，在纠正其行为问题时最好使用肯定语句，直截了当地告诉自闭症儿童他该做什么，给他正向的引导，如：把"上课了不能离开座位"表达为"上课了要坐好"，此外自闭症儿童多为视觉主导型，其感知觉加工是以视觉优先，对视觉刺激较为敏感，教师可以将教学内容以视觉刺激形式呈现，如将课堂任务做成几张词图对应的小卡片，在不同的教学环节放置在其桌上，有助于改变自闭症儿童在集体课课堂无事可干，"随班混读"的窘状。

3. 完善学生评价机制，适时给予激励

随班就读班级中自闭症儿童与普通学生之间差异较大，为了鼓励他们积极参与到课堂教学活动中来，教师要采用不同的评价内容和方式，注重对学生的学习过程进行评价，不能单纯用学习结果来衡量。要善于发现自闭症儿童在人际交往、课堂适应、语言发展方面的进步，并及时通过微笑、鼓励性语言、实质物品奖励等，强化其正确的行为，促使其继续进步。

4. 进行正向行为的支持

自闭症学生总会有一些刻板行为，如重复提问，不停地摆弄身体某部分，不停地发出声音，或间歇尖叫，影响自己和其他人，而当这些刻板行为发生在课堂上，就会干扰正常的课堂秩序。对此，教师可通过事前控制和行为替代，减少或消除自闭症儿童不合时宜的刻板行为，增加适宜行为。如：自闭症学生小明会刻板地按班级课表上学，当发生突然的变化时就哭闹拒绝，这种情况过去时有发生。某天，第五节课的体育老师因病请假，班主任提前通知小明家长这件事，家长随即在家反复引导小明了解课程安排的变更，小明接受后到校就没有再哭闹了，这是用了事前控制消除了小明的刻板行为。

5. 利用同伴互助，营造良好的班级氛围

在日常教学活动中，教师抓住教育节点，充分利用班会课开展主题活动，让普通学生了解自闭症儿童的特点和典型行为，学会与自闭症儿童沟通的方法，提高普通学生对自闭症儿童的接纳度。此外，教师要有目的、有意识地将自闭症儿童与班级中普通学生分配在一起，最好为随班就读的自闭症儿童配备一个或两个助学小伙伴，让他们辅助教师对自闭症儿童提供相应的帮助，将自己所学的基本知识、技能传授给自闭症儿童。利用同伴互助，既能弥补他们之间的认知差异，增强相互之间的了解，让普通儿童真正从内心深处接纳他们，加深彼此之间的感情，又能使自闭症儿童跟上班级教学进度，提高认知水平和交往能力，促进他们的社会化进程。

6. 充分发挥资源教室特教老师的桥梁作用

与资源教室特教老师（以下简称资源教师）一起调整或开发适合自闭症儿童学习的融合课程，如人际交往训练、学业辅导、对情绪和行为问题进行干预等，研讨相关的具体教育措施，如合作学习、差异教学、同伴介入等，建立符合自闭症儿童身心发展需要的教学计划和评价体系。

四、结束语

针对当前自闭症学生在普通学校随班就读中遇到的问题，在学校层面，学校可以通过建立资源教室、制订个性化教育计划、加强普通教师的特教知识与技能的培训；在教师层面，教师可以通过转变教学方式、完善课堂评价机制、营造良好的班级氛围、充分发挥资源教师的桥梁作用，帮助自闭症学生更好地融入普通班级。

参考文献

［1］黄姗.自闭症儿童随班就读的现状及对策研究［J］.齐齐哈尔师范高等专科学校学报，2014（2）：37–38.

［2］魏志坤.促进自闭症学生课堂融合的方法初探［J］.现代特殊教育，2020（1）：26–28.

［3］马斯佳.自闭症儿童随班就读存在的问题及对策［J］.现代特殊教育，2016（4）：34–38.

［4］赵星星，王雪.自闭症儿童在随班就读中存在的问题及改进策略［J］.学园，2013（26）：196–197.

小学融合教育
案例分析

轻度智障儿童身体协调性训练

深圳市福田区皇岗小学　潘　琼

一、案例分析

学生鹏鹏，男，在很小的时候，医生给的结论是"轻度智力障碍"。既然是智力障碍，从外表看，他与正常孩子没什么两样，但在体育课上你会发现鹏鹏不太爱运动，即使活动了也会因动作不够利索、不完整，容易失败，有时还会摔跤，这样的恶性循环严重挫败鹏鹏的自信心，导致他常常打退堂鼓、退避三舍。究其原因是他运动的能力偏低，身体不协调导致他参与活动缺乏自信，无法动员和控制身体潜力去完成各项活动。在团体游戏"小马过河"中，鹏鹏被动地参与进来，在踩踏椅子挪动身体的环节，重重摔倒在地，膝盖磕破了一小块。因此，在职能治疗课程中，被我们运用多种协调训练手段和方法，进行个别化协调能力的提高训练，以提高轻度智障儿童体质，纠正和补偿身心缺陷，促进其康复。每天老师陪同他一起晨跑、跳绳。我每天保证七点前来校迎接他，坚持着持之以恒的训练计划，从最开始一个不能跳过，经过一周时间可以不间断跳一个。我们一直给予他认可和鼓励，陪同他一起完成当日的教学任务。次数也由

48

1—3个，到一个月后的十个，两个月后的百个。我们欣喜地看到他的成长，现在能连贯跳绳到三百个。我们不定期给家长发送孩子点滴进步的视频，也得到了家长的配合与支持。

二、训练方法

本案研究方法采用观察法、实践分析法、认知疗法及心理疏导等方法对个案的研究过程进行设计、训练、记录，并分析总结。

家庭的过于保护，导致鹏鹏在对外交往、接触同伴等方面产生了障碍。智障给他带来的心理影响较大，自卑、孤僻，生怕被别人嘲笑而变得沉默寡言，不善于用语言来表达自己的想法。

轻度智障学生身体协调能力提高的训练方法：在平时的教学过程中，像鹏鹏这样的学生在体育活动中常常不被接纳和尊重，他尝够了失败的滋味，因此他总是害怕参与。这种能力与学生的智力发展和个性形成也有很大的关系。只有提高鹏鹏身体的协调能力，让他拥有和其他学生一样的活动能力时，鹏鹏的自信才会失而复得，同学对他的误解也会烟消云散。因此，根据鹏鹏的实际情况，我们主要针对他身体协调能力的现状从以下四个阶段着手对其提高，训练内容的安排从简单到整合、从静止活动到行进间活动、从单个动作到整套动作加以贯彻落实。

三、解决方案

解决方案是：简而自律——单个动作练习法。

鹏鹏的训练内容我们先从简单的单个动作着手，让他感觉自己能够完成任务，以此来激发他参与活动的热情和积极性。我们把练习内容以每课时布置"1+1模式"，即上肢的肩绕环为每课必练项目，外加另一组下肢的跳跃练习，这样既达到手脚配合全身运动，又不至于双个下肢练习搞混淆，产生动作负迁移，达不到既定目标和要求。

跳绳，确实能提高协调性，靠的是上肢手腕、臂膀与下肢脚踝的协调，当然也包括中间腰腹的协调性。训练方法也很简单，从单摇练起，即揉一圈绳跳一次，慢慢练熟后再进行双摇练习，对于弹跳而言，试着用脚尖着地，脚踝用力弹起，会有帮助的。由于鹏鹏身高过高，起初存在因协调而导致的做不出某些动作，估计是由于腰腹力量的不足，我们尝试跟他进行腰腹力量的训练，例如两头起（平躺着身子，上肢和下肢同时抬起，用手去够脚，然后恢复平躺，注意脚不要碰地，然后继续）、仰卧起坐，以及背肌练习（你趴着，一人压住你的腿，最好是脚腕，你的双手抱头或背在腰间，凭借腰部力量抬起上身）。两头起和背肌练习不仅需要力量同时更需全身协调，这也就提高了力量协调性，而这才是最重要的。不过似乎有些难度，可以先从仰卧起坐做起，慢慢再到两头起。

四、后记——让学生达到自己的优秀

我们将在今后的工作中继续采用这些方法，加强对鹏鹏身体协调能力的训练，同时增加一些与智力相结合的训练方法，使训练方法更加科学、更加完善，让更多身体活动不协调的学生有训练方法，让他们更加优秀和快乐。

如厕换衣训练

深圳市福田区皇岗小学　潘　琼

生活自理一般是指自我服务性活动。从进餐（包括喝水）、洗漱、如厕、穿（脱）衣服四个方面来说明。任何一个生活自理活动都是由几个环节组成的链条，因此，我们在训练前，要首先将活动分解成若干个环节，然后根据环节逐一进行训练。当每个环节都能完成得很好时，要将各个环节连成链条，训练孩子活动的连续性、完整性。在生活自理的各项内容中，最令人苦恼的恐怕就是孩子大小便不能自理了。孤独症儿童能否独立完成在厕所大小便的过程，是孤独症儿童在成长过程中必须具备的生活自理能力的重要基础环节。

一、案例分享

一名叫严严的典型孤独症患儿，11岁，四年级，在感知自身和外部世界的关系上有障碍，因此对于大多数人来说并不复杂的上厕所行为，对于9岁的孤独症儿童严严来说并不简单。训练的目标不仅是排尿或排便，而应是从有便感到便后处理中的一连串行为的完成和联结。

二、感知与传达

有便感、将便感表现出来、将便感传达给他人。

三、选择场所

熟悉的场所与不熟悉的场所、等待进入厕所后再排便。

便前及便后的处理：排泄前脱裤子、便后使用手纸、穿好裤子、冲厕、洗手、出来。

只有当一个孤独症儿童在以上环节中都能顺利进行时，才可以说他已经养成了良好、规范的如厕习惯。

有一次课间，严严体育课上大腿夹紧地跑步，看上去很奇怪。我询问他是否身体不适，他表述不太清晰。我就让他去一旁端坐，可是他表现异常的躁动。等到课程结束，我让他试着去了一趟洗手间。可是我发现了一个奇怪的现象，他长时间在洗手间待着未出来。等我把他叫出来，没一会儿他又进去了。当即我就考虑他可能肠胃不太舒服，示意让他去校医室看看，可他表现异常抗拒。我们时常都说孤独症儿童上厕所的行为首先应该对照以上环节找出问题所在。找到了问题，也就找到了训练的着眼点，可以有针对性地进行训练。训练时要把握以下原则：细心观察、及时提醒、辅助到位、持之以恒。我拨通了家长的电话，询问严严昨日的饮食情况。妈妈告诉我，他昨天在家就拉肚子，以为他今天没事了，估计肠胃还是存在不适。

我再一次陪同严严去到了厕所，可依旧如厕困难，他似乎很难适应在校排便。没一会儿，严严裤子全脏了。我试着联系家长，可电话却无法接通。我问严严是否能带领我找到家，他点了点头，就这样我拿上一件校服外套给他一路遮掩着走回了家。路上他表情很痛苦，脸色不太好，汗水浸湿了身上。他只顾着快速地自己行走，完全不顾及身后的我。他非常熟练地按响了门栋门禁，双腿张开，整个身体靠在门禁器上。此刻，他裤子已经侵染成了黄色，脏了大半截。

他再也走不动了，我只能搀扶着他乘坐电梯上楼。妈妈打开大门的瞬间，严严立即冲进了厕所，继续进行排便。此刻，我发现他是能够独立排便的，只是他不适应在学校如厕而已。妈妈告诉我，他确实不喜欢在学校排便，所以他在学校很少喝水。

为了使得严严正常地适应在学校如厕，我以感知和传达阶段的训练为例。

四、及时提醒

一旦发现孩子的便感表现行为，及时提醒他"上厕所"。注意说话时要平静，不要流露出紧张的情绪。

五、辅助到位

看到孩子还没有反应，就应带领他走到厕所，同时夸奖他"真棒!"（目的是让孩子逐渐感受到这样做是正确的）。辅助几次以后，要观察孩子是否有独立反应的能力，逐步降低辅助。

持之以恒：在训练一段时间后，效果似乎也不太明显，他能够小便，但依旧还是拒绝大便。所以，我试着跟家人沟通，让他们共同参与训练是非常重要的。

反复和家长强调，孩子在出现错误行为后，正确的做法是做出忽视的态度；让孩子有一定的参与或指导辅助孩子换衣服；尽量在有目光接触的情况下，用严肃的表情告诉他"错了"；告诉他厕所在哪里，指着厕所说"要在厕所尿"。将他喜欢的东西展示在他面前，然后拿走，同时告诉他"没有空调遥控了，因为你尿裤子了"。对于语言理解弱的孩子要用动作和手势辅助。

六、注意事项

值得提醒的是：严严由最初体能训练结束，不分场合地脱衣换衣，到现在能够自我提醒强调去洗手间更换衣服。如厕也没有那么紧张的情绪，可以平和地自我解决，并能主动找老师要纸巾擦拭。我们成人注意当孩子做出正确反应时，要夸奖孩子。这种夸奖是及时的、发自内心的。而家长常常是当孩子表现还不错时，表情却漠然，还不停地追加要求"快点儿"，这样使孩子无法体验到成就感。

特殊儿童情绪行为的训练

深圳市福田区皇岗小学　潘　琼

研究对象庆庆，12岁，五年级学生，一位个子稍高，皮肤白净，样子斯文的小男孩，系"自闭症谱系障碍"。医生诊断：情绪障碍，轻度自闭。他坐在最后一排座位上，听到上课铃响，他像没听见一样继续在走廊里来回走动。他开始敲打几下玻璃窗，扯两下窗帘，行为表现越发的焦躁不安。一位同学望了他一眼，他拿着课桌就抛向了讲台。班主任内心叫苦不迭，这样的课堂如何上课？

接下来，我火速地冲进教室协同班主任将他请了出来。我忍不住提高声调批评，刚说了几句，他紧握拳头，怒目圆睁，嘴里不停说："我要杀了他！"他紧握拳头，身体在颤抖着，猛力拳击自己头部。"庆庆，老师是来帮助你的，跟我一起去资源教室坐坐。"我握紧他的手，不敢有片刻的松开。他尾随着，眼神里夹着怒火。

他这种严重的、广泛的社会相互影响和沟通技能的损害以及刻板的行为，有表现很明显的交往障碍、交流障碍、兴趣和活动的局限、智力发育障碍等。庆庆属于情绪障碍，容易产生情绪且无法自控。喧闹的环境、严厉的声音、不熟悉的人等都能引发他的情绪。他大部分时间表现烦躁，有情绪就要尽情发泄：哭闹、号叫、推桌子、扔东西、敲打玻璃窗、踢门……有时也打自己的头，撕扯自己的衣服，严重时就打人，想打谁打谁，很多同学都曾被扯伤、抓伤、咬伤过，无端挨几拳是最平常的事情。

一、战胜自己，真心接纳

来到资源教室，我给他倒了一杯水见他一只手紧紧地抓住我的手，另一只手端起水就喝了起来。我说："庆庆，你可以把手放下来喝水。"此刻，我协助他将手松开，他神情恍惚嘴里不断出现自我批评的话语。"他们都在嘲笑我！"说完便痛哭起来，当他再次要用头撞击墙壁时，我将手张开贴在墙壁，在他发泄情绪时保证他不伤害到自己。

二、真诚对话，相互理解支持

连续一周为了儿子的事情三天两头跑学校的父亲，家中有三子，经营着一家水果店，平时忙于工作没有时间带孩子出去游玩，多数都是在水果店暗格房自顾自地玩。父亲恭敬而谦卑，失落而显憔悴。常挂在嘴边的是："对不起，我会负责的，谢谢您！给您添麻烦了！实在抱歉！"他们超乎常人的付出我是看在眼里的，怜悯之情使我更加努力想为他们分担一些。有一次，庆庆弄伤了一位同学，家长协商处理后，也许是他们敏感的神经感觉到了什么，事后我接到信息："老师：小儿给您造成的麻烦与不便我感同身受！出现问题我一定会负责，仅希望大家多给一点耐心，我们一直在治疗，专家已经很肯定前期的努力与进步。师者父母！也可怜天下父母心！打扰了！"我请家长来面谈，表明心迹——我是真心实意想给予帮助的，就怕自己水平有限，工作未尽如人意，如有处理不当之处希望明确指出，有事加强沟通，互相理解和支持。也许是我的诚意感动了家长，此后我们经常交流，我时常发送孩子课堂视频给他。一点一滴的进步我都及时汇报，我知道这些对他们很重要。

三、说服家长，接纳与包容

班主任也非常努力，多次教育班级学生忍耐、包容与接纳效果良好。庆庆每次情绪发作动作虽然很大，但也懂分寸不敢真的伤人。他真正的目的是要引起别人的注意和重视。不妨换位思考一下，也许可以从另一个角度看待这个问题，跟庆庆一个班的孩子其实是幸运的，他们学会了忍耐和理解，学会了包容和接纳，懂得了关心和体谅，在这样的环境中成长的孩子更懂得珍惜，当逆境来袭时更能经得起考验……

四、多管齐下，积极寻找对策

其实，庆庆父母很早就带孩子咨询过自闭症专家教授，专家建议孩子要融入主流学校教育，我仔细回顾庆庆发作时的每一个细节，通过分析不难发现他每次发作都有诱因，可能是嘈杂的声音、大声的训斥、陌生的老师、想得到的东西得不到、长久没人关注，等等。为此老师协助做出了班级相关条约：不准在课室大声喧哗、追逐打闹，课室必须保持安静；如遇到庆庆情绪发作不得围观起哄，要立刻叫资源教室老师。

学生及家长都很配合，不大声训斥，多鼓励少批评，营造温馨和谐的家庭气氛。更重要的是要让孩子觉得你是真心待他好，每天主动跟他打招呼，态度温和地跟他说说话。"吃早餐了吗？今天喝牛奶没有？""怎么啦？有什么不开心的事吗？"给他制定一个行为评价表（共有六项：有没有发脾气，有没有扰乱课堂，有没有伤害同学或老师，有没有认真听课，有没有喝牛奶。他非常注重老师对他的评价，每天总能准时交表和取表）。我趁这个机会跟他聊天，他开始不怎么搭理我，后来我问他就答，最后我不问他也在讲，就像老朋友聊天一样。每天放学做评价时，我都告诉他，哪方面做得好，哪些方面需要改正，他都能耐心地听并答应明天改

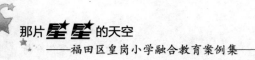

好。随着对他了解的深入，我也找到了一些应对的方法，如当他抱着头，嘴里发出"呼呼"的声音时，知道要发作了，要用手摸摸他的头，温和地说："没事，不是说你的。"当他纠缠其他同学时，我只要把他的注意力引开就没事了。

五、不急不躁，静待花开

很多人都知道自闭症是一种常见的儿童精神系统发育障碍症，目前尚没有根治的办法，从近期的表现看来，庆庆发作的次数越来越少了，对噪音的抵抗能力也有所增强，有时也能接受批评的声音，懂得关心人，能主动和老师沟通，在外面转悠的时间少了，喜欢课间来资源教室自制手工，能听从劝告。也许是对我的信任和依赖，我的话他基本能听，对比之前一发作就像疯牛一样谁也奈何不了确实有了很大的进步。他经常拿着自制的手工艺作品送给我，上次用卷纸制作了一个飞机模型送我带回家给孩子玩。有一次放学，他看着黑沉沉的天空说："如果我有一双翅膀我也要飞上天空翱翔。"我心头一震问："飞去哪？为什么要飞？"他就说："当然是飞回家啦！就要下雨啦，再不走，雨把你淋死了怎么办？"那一刻我笑了，多么单纯的孩子啊！虽然他生病了，可还是懂得别人对他的好。

艺术技能专项课案例

深圳市福田区皇岗小学　肖松林

这学期资源教室开设的特色课程有社会治疗课、职能治疗课、音乐疗愈课、运动康复课以及艺术技能专项课等。而我就负责其中的艺术技能课程，在开始上课前，我首先对学生情况进行了大概了解，综合资源教室学生的能力，专门为学生设计了特定的课程内容。希望学生们能在艺术的氛围中快乐前行。

一、艺术课的作用

艺术技能课最具代表性的是艺术的表达性，表达性艺术理论可以追溯到20世纪30年代，在儿童早期发展、儿童教育和家庭育儿教育中，表达性艺术治疗是非常受欢迎的心理健康治疗模式，特别是在促进儿童的自由表达、自我察觉和人格发展方面最有效。它通过艺术创作手段来呈现创作者的内心世界，而艺术作品又可以反映创作者的心理特征。

当下，自闭症儿童最有效的干预方法是通过个体化训练的干预方式增进患者语言及社交能力，提升患者的基本生活技能。运用多学科治疗对自

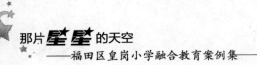

闭症群体的康复干预已是国内外共识。而将艺术手段融入自闭症康复训练之中是其较早运用成果，2019年"孤独症谱系障碍"康复治疗新进展高峰论坛的召开中，国内专家及孤独症康复人士也提出"多学科综合治疗可以改变自闭症人士的人生"。

确实，通过艺术可以展现我们内心潜在的思维情感，且人们图像思维能力一贯优先于文字思维，对潜意识情感经过再读体验，将有助于促进行为认知的变化。也就是说自闭症儿童在艺术创作的过程中，我们可以分析出他们的潜意识动机，以便于康复师或特教老师在以后的治疗干预中更具有针对性。

二、多彩的艺术课

绘画治疗研究先驱南伯格曾说过，"绘画不仅可以帮助儿童表达深层次的潜意识心理内容，且很多孩子在图画创造的过程中将此作为有效的沟通工具使得自身问题得到改观"。图画本身具有符号化的特性，使得自闭症儿童通过艺术创作来将心理图像具象化呈现，更具隐秘性和安全性。针对自闭症儿童的主要特征来看，艺术所自带的本质使得在自闭症儿童康复训练中融入表达性艺术治疗，可以培养自闭症儿童兴趣程度，减少刻板行为，增加应答性沟通能力和人际交往能力等核心症状。期望表达性艺术治疗介入自闭症儿童康复训练的研究可以探索更多未知的潜能，促进艺术治疗融入自闭症儿童康复训练中更加专业化。也希望有多种研究方法的结合带来更好的效果。

绘画治疗，即让自闭症儿童通过绘画的方式来与其他人沟通心里的想法、发泄心理情绪。这个方法虽然不能完全治愈孤独症，但是却使很多儿童的症状得到了改善和缓解。在我们的课堂上，我们还用废弃的塑料瓶子做材料制作彩绘瓶子。在制作之前先把材料准备好：瓶子、沙子、颜料、画笔、调色盘等，然后就是给孩子们讲解清楚要求。利用废弃瓶子能够培养他们的环保意识，我会鼓励他们要善于发现不同的材料在制作过程当中会给我们带来不一样的感觉。

记得在制作油纸伞这节课刚开始的时候，俊林因为老师没有第一个给他发材料在那里生闷气，准备想砸东西，我及时单独将其拉离当时的环境，让他自己先充分地冷静下来，再引导他说清楚事情缘由。慢慢地引导他的注意力转移到调颜料当中来，之后能够平复并向老师同学发出邀请共同制作，主动参与到课堂中来。俊林喜欢经常动不动就叫老师帮忙，自己都还没有开始着手去做就说"老师我不会""老师快来帮忙"。针对他出现的情况，我采取用语言鼓励他，"俊林可以自己做到的呀，先自己试着动手，实在不会再来找老师"，或适当地无视。他自己能够做到的时候，我及时给予他鼓励，经过多次这样，俊林很明显比之前进步了很多，情绪自控能力也比之前提升了不少。

特殊儿童手部精细动作的发展有利于自闭症孩子的生活自理能力的提高，对于特殊儿童的技能培养也有很大的帮助，所以特殊儿童的手部精细动作训练至关重要。对此我带领孩子们进入DIY手工钻石画制作的课程，这个钻石画的制作原理是将细小的钻石颗粒按照对应数字顺序进行粘贴。特别锻炼孩子的手眼协调能力、手部的精细控制力度及有利于提升专注力。

三、总结与展望

通过这一个学期艺术课的干预训练，发现学生们的日常教学活动都较好，社会交往及自我调控能力得到很好的提升。后续的教学计划中，我们将根据考察每个孩子的实际情况进行研讨，有针对性地开展适合他们的课程。相信只要我们老师始终秉承爱心、细心、耐心的信念，坚信通过我们坚持不懈的努力，孩子们的每一个小小的进步都是对我们的最大慰藉。

运动康复专项课案例

深圳市福田区皇岗小学　肖松林

自闭症也叫孤独症，即人为地自我封闭于一个相对固定与狭小的环境中，由于隔绝了与人的交往而产生的心理障碍的症候群。常表现为：孤僻、任性、缺乏与他人的情感交流等。有人说，他们是星星的孩子，只是不小心落入了人间。在现实生活中我就见到了这样一位特殊的孩子。

一、案例资料

黄梓涵是个六年级的男孩子，长得瘦瘦高高的。第一次羽毛球课上见到他，给人的印象是帅气、可爱。但是接下来我发现他的行为有些异常：集体活动时，不喜欢参与；上课时高兴了还会踮着脚尖，手舞足蹈的，拍着手，喜欢跳床，在出现不能接受的事情时会尖叫；他的创作力很好，很喜欢乐高玩具；他喜欢自己玩、自己笑，生活在自己的世界里，不与其他小朋友交流，但是我主动与他搭话，他能和我进行简短的交流。

二、案例分析

梓涵不能正常地与人交流，不合群，有时不能控制自己的情绪，以及一些异常的行为举止。

三、教育措施

作为教师必须帮助像梓涵这样的特殊学生，帮助他们去适应新的环境。孩子的成长离不开周围人与环境的刺激和作用。教师要用爱改变一切，要用心去与他交流，关心、帮助他，增强他与人交往的自信。

（一）老师关爱同伴帮助

每个孩子都渴望得到老师的关心与爱护。特殊儿童也是如此，他们更需要老师和家长的爱，需要我们坚持不懈地用心去爱，去帮助他们走出封闭的世界。

梓涵是个渴望得到爱的孩子，他不与人交往，时间久了，同伴们都把他看成异类不去理睬，从而被人忽视，不去关心爱护他。而他需要我们的尊重与真诚。于是我试着接近他。我知道对待一个自闭的孩子需要耐心与持久。我就不厌其烦一遍又一遍地，一次又一次地用亲切的语言与他说话；当他情绪不稳定时，我会用动作，如拥抱、抚摸头、亲亲小脸蛋等肢体语言来安抚他，让孩子真真切切地感受到老师对他的爱。慢慢地他对我有了笑意，那是天使般快乐的笑。

老师的关爱使梓涵有了很大的进步，但是能与同伴交流，友好地相处更为重要，因此我充分地为他提供与同伴交往的机会，有目的地组织一些运动活动。如开展"羽毛球配对训练""共同计数颠球数量""羽毛球赛"等各种形式多样的活动，鼓励引导大家一起活动。孩子们都争先恐后地进行结对训练等，孩子们用热情感染着他，渐渐地梓涵能主动去拉小朋友的手，对同伴能传达友好的信息了。

（二）兴趣出发增强自信

通过观察我发现梓涵创作力极强，对乐高很感兴趣。于是我为大家提供了一些乐高玩具，引导他们一起创作图形，并循序渐进地增加难度，在其他同学不会时，请梓涵将他的创作方法展示给大家参考。有的同学看到梓涵创作的乐高作品不禁感叹："黄梓涵会创作这么多图案啊！"听到表扬，梓涵的脸上露出了笑容。于是我及时给予鼓励表扬"你真棒！"予以积极正面的强化。成功的体验增强了他的自信心。

（三）家园配合 同心协力

特殊孩子的教育不仅需要老师的参与，更需要家长的配合。在对梓涵教育的过程中，我积极与家长沟通商讨教育策略，建议家长：1.给予孩子更多的关爱，多与孩子共同活动，让他感受到父母真挚的爱。2.加强与孩子的交流，了解孩子的想法，创造机会多与同伴交往，锻炼语言能力。3.适时找专家指导，配合一些运动训练，锻炼肢体与脑的协调性。

经过将近一学期的教育干预，梓涵不但能简单地与同伴交流了，在羽毛球训练上也有了很大的进步。但是我知道，对于这样特殊孩子的教育不是一朝一夕、立竿见影的，需要我们持之以恒，付出更多的心血。作为教师，我们有着义不容辞的使命感。对于梓涵这样的特殊儿童更有一种特殊的情感。他们星光般的眼睛，天使般的笑容深深牵动着我，引导我用心去体会。

用爱浇灌，静待花开

深圳市福田区皇岗小学　肖松林

新学期开学，迎来了一年级的新生入学，我第一次见到了这名一（4）班的叫郑欢程的男孩子，小小的个子，瘦瘦的身体。进来时，躲在妈妈的身后，不肯放手，他那大大的眼睛警惕地看着周围的一切，流露出那份惊恐和不安。他不爱说话，课堂上也不发言，在学生齐读齐唱时，他只是默默地坐着，课间操也不做，只是静静地站着，脸上表情的变化也不多。

一、原因分析

经过和他母亲的交谈了解到，这名学生从小胆子就小，在幼儿园时做操都不跟，在家依赖性强，适应能力较弱，有一次被老师批评了，接下来他就不愿去上课，有时连饭也不吃，实在没办法。通过家访，我明白了欢程他由于从小性格内向、敏感、自尊心强，如果家长和老师不闻不问，或批评责骂他，不仅不会消除这种不健康的心理，反而会增强这种心理。长此下去，心理的闭锁就会愈强，最终将导致对任何人都以冷漠的眼光对待，更加孤立自己。孩子一旦对自己某方面的能力丧失信心，还可能会跟着连带对自己的其他方面能力也丧失自信。最后造成多方面甚至全面地落伍。

二、个案处理

（一）尊重他，帮助他消除自卑心理，树立自信

有人说孩子就是一本书，要想教育好孩子首先就要读懂这本书。作为老师应该认识到从幼儿园到小学，这是一个过渡时期，学习上不适应，生活上会遇到这样那样的困难，我把这个时期称为"断乳期"，作为班级融合老师如何做好这个过渡我认为非常重要。孩子的自我意识强，有些甚至到了过于敏感的程度。在学校，他们会用警惕的目光注视着老师和同学对自己的态度，只要稍稍挫伤了他的自尊心，他就会变得更加自我封闭。郑欢程就是一个非常典型的例子。其症结就在于自闭、社交意识低落。要纠正他的这种不良行为，一定要注意方式方法，既要做到保护好他的自尊心，帮助他消除警惕心理，也要树立起自信。

（二）在思想上开导他，对其进行正确的引导

告诉他，老师和同学都很爱他。老师就是他的好朋友，遇到不开心的事就和老师说，老师会帮你的。他拼音学得不够好，就鼓励他说他很聪明，只要稍加努力，上课大声读就可以取得好成绩。同学、老师都会帮助他，和他一起努力的。每次做课间操，我和他的妈妈都会到他旁边，告诉他，其他同学也和他一样不会做，都是跟着领操的同学乱做，没关系的，只要动起来就好。

（三）注意多表扬，不"语罚"

赞扬可以对儿童产生奇迹，过多批评则会塑造自卑、怯懦的"绵羊"；惩罚易使孩子产生逆反和报复心理。警惕心理重的孩子更需要老师的关爱，希望老师的赞扬，十分厌恶那些疏远、冷落、责备他的人，因为这些人伤害了他的自尊心。用引导代替讥讽，用表扬代替批评可以使他看

到希望，增强自信。在教育过程中我注意对他的进步即便是点滴进步也予以及时、热情的表扬。想方设法创造条件，让他体验到成功的快乐，使他对学习、对生活、对自身逐渐积累信心。例如，当着同学的面表扬他看图说话讲得好；课堂提问回答得真棒；真聪明等；见到老师能够打招呼；广播操做得很好。每当他有一点点进步时就给奖励一颗小红星，满十颗小红星奖励一个水滴章，满五个水滴章就奖励他好学生卡和葡萄干，满十个水滴章就换一支铅笔。当他拿到第一个水滴章时，终于开心地笑了。此后，我还多次为他提供尝试成功的机会，让其体验成功的喜悦和荣誉，增加良性刺激，使他摆脱警惕心理，激发起自信心和上进心。

三、我的思考

学生需要爱，教育呼唤爱。爱像一团火，能点燃学生心头的希望之苗；爱像一把钥匙，能打开学生心头的智慧之门；爱是洒满学生心灵的阳光，能驱散每一片阴霾，照亮每一个角落，融化每一块寒冰。作为融合教育老师，一定要全身心爱学生，关心、尊敬、理解、宽容和信任学生。用自己的爱去唤起学生的爱，用自己的心灵培养学生的心灵。

以点滴促进大进步

深圳市福田区皇岗小学　肖松林

教育实践证明，对智力障碍儿童通过一些特殊的、有效的方法和手段进行辅导与教学，其生活自理能力和社会适应能力会有很大的提高，对他们的生活和学习有很大的帮助。

一、学生个人情况

辉辉，是一名五年级的学生，他属于是智力障碍的孩子。由于智能偏低，在认知、情绪、意志行为与人格特征方面都有一些不同于正常儿童之处，智力障碍儿童的认知发展水平普遍低于同年龄的正常儿童。

感觉是人脑对直接作用于感觉器官的客观事物的个别属性的反应。智力障碍儿童在感觉的各个方面，无论是在感觉发展的速度还是发展质量上都要远远落后于正常儿童，达不到正常儿童应有的水平。

在入班随读过程当中我发现辉辉经常坐在座位上看别人活动或发呆，有时自娱自乐发出较大的声音打扰到旁边同学学习。我及时对其提醒，他能够清楚知道自己错了，并保持安静坐好。课堂跟随能力较弱，完全不理解老师上课的内容。他的阅读理解能力很弱，不仅读书声音很小，断断续续，连不成句，而且不能概括出所读文章的大致内容，不能完整复述，言语贫乏而不正确，不善于用自己的语言来表达自己的想法。他没有养成良好的学习习惯，不会像其他同学一样做好课前准备，完全不理会课堂，不会笔记，不愿意开口读书，经常在作业本上乱涂乱写乱画。

辉辉他从不主动参与学习活动，并且拒绝老师要求他参加小组讨论，只是静静地坐着看，但是细心观察，发现他一个人看得态度很认真，但是他很难根据任务的改变把注意从一个对象转移到另一个对象，因此，常常表现出顾此失彼，像正常儿童那样，一边听一边写，他感到困难。

二、教育方法与进程

针对上述个案的观察分析，我们发现辉辉属于智力较弱，认知能力差，情绪情感表达较差，于是我们制订了个体教育与集体教育相结合的个别教育计划，从认知能力培养、运动能力训练和社会交往能力的提升方面对辉辉进行综合的教育干预。具体如下：

（一）对其认知能力的培养

我在黑板上用各种不同的颜色画上各种几何图形，指导辉辉反复辨认，再用纸剪成各种几何图形让其辨认。确认辉辉基本掌握之后，再在纸上画上一些形状后我说出某种形状的名称，然后让辉辉在纸上指出来（先说后指）。这一阶段能够独立指出我说出任意一种形状的名称后，让其在纸上画出来（先说后画）。我在纸上画上各种形状，然后再用硬纸壳剪出相同的各种形状来，指导辉辉拿剪出的形状与纸上画出的形状相对应（一一对应）等。经过这一系列课程的反复学习训练，辉辉对基本的图形形状掌握得比较好，当然在学习的过程当中也会产生不好的情绪（遇到不会的时出现逃避行为，我及时采取对策：正面鼓励和引导，帮助其解决困难）。

（二）运动能力训练

辉辉在动作发展方面表现最差的一般是视动控制、平衡、上肢协调、速度与灵巧，表现稍好的是跑速与敏捷性。他在双侧平衡、体力与反应速度等方面也都差于正常的孩子，常表现为反应缓慢、呆板、不灵活，行为动作不够协调，对上、下肢大肌肉的控制能力差，上、下肢无力，走起路来左右摇摆不定，平衡能力差。辉辉小肌肉群的活动能力较弱，手指活动不灵活、不协调。对此，在个别化训练及专项课上我们有针对性地对其训练培训：大肌肉运动能力训练有匍匐爬、滑板车运沙包、踩瑜伽砖拿圈圈等。精细动作训练有穿珠子训练、粘贴钻石画、穿十二生肖等（精细对辉辉来说还是有比较大的挑战的，就拿穿十二生肖来说，我会把原本无聊的穿线活变成有趣的十二生肖过生日的故事与辉辉一起轮流编述，那节课辉辉玩得特别的开心，课间的时候我还会问他刚才讲述的内容，辉辉能够基本说出动物名称及做过的事情）。

（三）社会交往能力的提升

辉辉经常在班级与同学打闹，不会区分文明用语，偶尔会学其他同学骂脏话。针对他的这种行为，在进行个别化教育时我会设置相关情节对其进行教育，经过观察这种行为很少出现了。每次见到辉辉我都会主动与他打招呼，并借此机会引导他要主动打招呼，但他很多次都不愿意。有一次到资源教室上课的路上，遇到严玉堂，辉辉主动与他打招呼说："严玉堂你好。"那是我第一次看到辉辉主动与认识的人打招呼！我及时具体表扬他。经过几个星期积极表现，辉辉在和同学交往方面进步很大，还在团体专项课上担任小组长，帮忙搬桌子椅子，叫没有站好的同学站好队，休息时积极帮忙给同学们发水杯。这就是辉辉社会交往能力提升的表现，看到孩子们的进步，老师也感到无比的欣慰。

三、教育成效

在多种方法的相互配合、共同作用下以及一系列的干预训练，这一学期，辉辉在社会交往能力方面提升的空间是最大的，能够积极地表达自己的需求和乐于助人的行为也出现较多。我们要善于发现孩子的小进步，并及时做出肯定的回应和引导，我们要对孩子充满信心和希望！

让爱伴他同行

深圳市福田区皇岗小学　肖松林

新的学期，新的开始，对于我们的孩子来说也是一个新征程，新起点，然而时间是他们最好的见证者。通过查阅之前的资料，我初步了解了我们孩子的课堂学习及校园生活。

一、个案资料

第一次见到堂堂同学的时候，他已经是一名12岁，五年级的学生了，是典型的孤独症患儿。对事物的感知能力、认知能力及社会交往能力较弱，有明显的刻板行为。在一次个训课上，我和堂堂开始一起合作一幅《鸟巢纱线画》，这幅画的完成难度还是有点高的。在开始做这个作品之前，我先跟堂堂说清楚我们将要做的事情，在制作过程当中要注意的问题。每次做之前，我都会不断地重复讲几遍那个线是怎么绕的，在复杂繁多的钉子上面贴上可爱的1—10的彩色数字（他能够理解单双数）。我把无聊的绕线变成有趣的数字游戏，这不仅仅提高了孩子的兴趣，同时也锻炼了他的思维能力以及手部的精细控制能力，我们花了三节个训课就完成了，在完成的那一刻，堂堂很开心，不停地说堂堂很棒的，完成了，没有了。等会儿重复地说几遍之后又问："老师完成了没有，下次还做不做？"然后自己回答；"不做了，完成了，没有了"。这是我们自闭症孩子较为典型的一个特征——刻板行为。

二、调查与分析

上个学期，堂堂经常开关自己教室、其他教室以及校长室或资源教室空调和灯的开关，经过一学期的干预学习和良好教育及对堂堂的观察，随便乱开空调开关的行为明显减少很多，目前基本上没有出现了。刚开学的时候，看到老师不愿意主动打招呼。于是我每次见到他时都主动热情地与堂堂打招呼，堂堂只是看了我一眼，简单地说了一句"你好"就不理我了，有些抵触与我互动，给我的感觉是很有距离感的。经过慢慢的接触、了解，我明确告诉他："堂堂，这一次老师是主动跟你打招呼了，那下一次堂堂见到老师的时候能不能也先跟老师打招呼呢？"堂堂说可以。却很多次都没有成功。经过几个星期的相处、学习和干预，开学第三个星期的一节个训课前，当时我还没有去到堂堂的教室，还在走廊的时候，堂堂远远地就跟我主动打招呼"肖老师好"。堂堂竟然主动跟我打招呼，我当时感到高兴和惊讶之外，及时表扬了他刚才主动打招呼的行为。我说："哇！堂堂你好棒哦，刚才是堂堂主动跟老师打的招呼是不是？"这是社交能力提高的一方面的具体体现。

目前堂堂对新学期的开展适应良好，老师取得孩子信任的过程当中，当孩子答应并且有做到的事情，老师一定要及时鼓励或者履行答应孩子的承诺，只有做到言行一致了，孩子对你的信任感才会有所提升。在一节语文课上，堂堂写生字写着写着突然有些情绪了，出现拍桌子、跺脚、扯窗帘的行为，我马上安抚，等其情绪稳定下来的时候，再问他刚才是怎么了，堂堂说："不想写了，好累"。对于孩子产生抵触情绪时我采取的是先让他休息五分钟左右，跟他小声地聊聊天，转移注意力。之后跟他说："再写一道题我们就休息。"后面的题写完一道题让他休息一下再写，他急躁的情绪就平稳下来了。

堂堂在资源教室的时候，偶尔会说空调关了没有，好冷，把空调关掉；灯开了没有，要不要开，可以开，等等，经常进入自问自答模式。我们采取的措施是：适时打断他，针对堂堂出现这种不断地重复说话的行为，在平时干预课堂当中，我们的老师也对应设计相关的情景，对他进行引导，什么时候说什么话，能不能一直说重复的话，告诉他说一遍就可以了，经过不断的强化及后面的几个星期的观察，这种情况就出现得比较少了。每次上专项课的时候堂堂会和李灿辉一起下来，我去叫堂堂上课的时候他会说，肖老师还要叫人，肖老师叫人了没有？等我叫到李灿辉的时候，我会引导他们两个人一起走，堂堂就会主动地牵李灿辉的手，说："好兄弟我们一起走吧。"然后两个人一起牵着手蹦蹦跳跳地下楼梯了。我顿时觉得这两个人好可爱，在社交方面，我们也积极地引导，有意识地善于发现有利于他们某种行为能力的一个提升的方面。

堂堂能够主动表达需求，有时候会问我要糖吃，因为之前的一些课当中，他表现很棒的时候，我就会给一两次食物的奖励。我跟堂堂说："要表现棒棒，就可以有奖励，老师才会表扬哦。"然后他就说堂堂很棒的，堂堂有认真上课，他还想继续重复说，我就立马采取打断他的一个方式，及时问："说几遍？可不可以一直说？"让他自己明确知道，说话要说一遍就可以了。有几次我经过堂堂的教室的时候，他跟班上的几个同学一起在走廊里面聊天，我会适时加入他们的谈话。

三、解决问题的尝试

对于这个性格行为及语言理解特殊的孩子，我下决心帮助他运用各种方法尤其是运用行为训练法对他进行语言训练。在训练过程中注重环境的营造，为语言的训练打下了情感基础，因为对自闭症患儿来说情感的建立是进行教育的第一步，同时运用游戏的方法来提高自闭症幼儿的接受性语言、模仿能力及游戏的水平，从而促进语言的发展。通过情感的支持使孩子树立学习的自信心，可以从以下两个方面入手。

（一）鼓励

在语言训练的过程中，运用最多的策略是鼓励。能力再弱的孩子也有他的"闪光点"，从发现他们的优点入手，及时地给予肯定与鼓励，不断强化其积极向上的认同心理，不放过一个微小的动作，只要是行为意义积极的，都可用"做得好""堂堂你真行""堂堂你真棒"等语言进行鼓励。例如：当他听懂了我的话语，能够理解我所说的规则时，说出了一些简单的表达语句，我就会赞扬他，奖励他一些他喜欢的物品，激励他继续努力。如在"数数找物"游戏中老师用小棒击鼓，让孩子围着圆桌顺着一个方向走动，鼓声一停，则让孩子停下，并按老师的指令去找物。如"把沙包拿过来""把沙包给我"等。因为孩子对敲鼓很感兴趣，老师就利用这一心理特点，当孩子拿对了就和他击个掌或者向他微笑表示表扬，最后让他敲一下鼓，然后再进行游戏。

（二）创设成功的机会

对于语言发展迟滞的孩子，适当降低标准，使孩子有成功的机会，这样可以收到意想不到的效果，它会使孩子从不难获得的成功体验中获得自信。当孩子获得点滴进步时，则可适当地夸大孩子的进步，因为孩子能有进步，对他来说是不容易的，老师的夸奖"进步真大"能调动孩子心理中的积极因素，使孩子期望自己能有更大的进步。

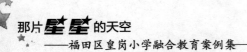

四、个案总结

经过这一学期有针对性地培养和提高训练，孩子的刻板行为得到了一定改善，开关空调、教室灯的行为明显较少；老师要在理解学生的基础上，采用适用的行为矫正的方法，要设计有针对性的训练，帮助学生形成正确的情绪反应和良好的行为习惯，以使他们最终适应社会生活。

毕业季，静待花开

深圳市福田区皇岗小学　肖松林

新学期开始，2020年8月31日，我第一次见到了申申，他是二（4）班的王睿申。初见他时，他是一个帅气的小伙子，一双水灵灵的大眼睛很好看，但是看人没有过多的对视，更多时候他只是低着头。这一天上午我引导申申一起去帮忙搬书回教室，申申找到自己的位置，并且用抹布，擦干净自己的位置。申申可以独立完成，我只需要语言提示申申就会自己做。

在开学前，我有找过申申之前的陪读老师——杨老师，大致了解了一下申申的情况，经过沟通，得知申申不吃奶糖、鸡蛋，不然会很兴奋。因为嗓子的原因，饼干和薯片之类的也不可以多吃，申申最喜欢吃的是苹果，申申还喜欢唱歌和打架子鼓，申申乐感方面很好。

2020年9月1日，星期二早上，我在学生通道口接到了申申，一起手牵手去二（4）班，到了教室后我松开手，让申申去找自己的位置坐，申申很快就找到了自己的位置并坐好，申申已经记住了自己的位置，通过与申申相处，观察发现诸多问题，如：

上课时会抖腿；上课时会自言自语或偶尔发出笑声；叫名反应弱或叫名不予回应；偶尔摸生殖器官；上课时注意力不集中等。

好在我也发现他的诸多优点，如数学的口算能力较强；英语口语方面也较好；能够区辨上下课铃声；懂得上下课礼仪；集体指令跟随能力较好；能够独立完成上厕所洗手的全部流程；能够独立找到班级，并且找到自己的位置坐好；能够独立完成做操和做眼保健操等。

在申申出现问题行为时，我会及时纠正或给予批评，受到批评的时候，申申的情绪激动，会咬自己的前手臂，用指甲抠伤自己的手或者膝盖。申申表现得好或者有小进步时，我会开心，并且夸张地表扬申申，表扬时会具体到哪一件事，例如："申申主动打招呼很棒哦！""申申及时回应同学的招呼，非常棒！"多以鼓励为主，建立申申的自信心。

大致知道了申申的一些问题行为，并且在建立良好的师生关系的前提下，开始和申申立约定，主要分为以下几条：1.不可以趴桌子；2.不可以抖腿；3.小嘴巴要安静；4.不可以翘椅子；5.不可以下座位。除此之外申申还给自己加多了两条：1.不可以跷二郎腿；2.不可以抠耳朵。我会以打钩，打叉的形式让申申来遵守，申申会害怕打叉，一旦打叉，申申会接受不了。让申申了解熟读之后，把列好的规矩贴在桌子上，方便让申申看见，这个对申申有很好的约束作用。

当申申再次出现类似行为问题时我会这样解决：第一阶段，直接指一指贴在桌子上的规矩，再指一下写有申申名字的纸，用来打钩或打叉的，申申开始会有试探性，故意抖腿，试过一次真的打了叉叉，之后申申知道真的会得到叉叉，就会马上停止这种行为并且坐好。申申这么认真坐好，会给申申打钩钩，得到五个钩钩可以换取奖励，不断给予强化。第二阶段，撤掉那张贴在桌子上的纸，直接指那张写有申申名字的纸，申申就知道做不好要打叉，做好了就得钩钩，申申就会停止抖腿的行为。第三阶段，语言提示："第1条。"然后申申就知道是不可以抖腿，进而停止这个行为。动作提示：指着申申的腿，申申看到后，就会停止这个行为。第四阶段，给申申一个眼神或一个表情，申申能解读到我的面部表情，所以就自然停止并坐好。

每当申申做得好的时候，哪怕是很小的进步，我都会很夸张地表扬申申，随着申申抖腿的次数越来越少，申申得到的表扬越来越多，申申也慢慢有意识地控制自己。

根据申申上课会出现自言自语，或者向我大声提问题或发出笑声的情况，给申申列的第3条约定：小嘴巴要安静。再结合申申的资源个训课，教会了申申用"悄悄话"和"正常音量"传递信息。给申申讲好规矩后，让申申根据我说话的音量，把信息传递给另一个人，音量必须和我说的一样，刚开始音量差距会很大，方便申申区分，到后面慢慢把大的音量调整为正常的音量，也是为了防止申申在课堂上大声说话，影响课堂。申申慢慢地把悄悄话学会了。

在课堂上结合立的约定，申申能够很好地保持安静。申申要是实在忍不住就会靠近我耳边，用悄悄话的音量和我说一下，等申申说完，我做一个"嘘"的动作，申申就会乖乖安静。

在考试中，申申也有了很大进步，刚开始考数学单元测试时，申申又大声说了几句话，被老师叫去资源教室写试卷，经过那次之后，教会申申悄悄话，结合立的规矩，申申就能安静地做试卷，再也没有被老师叫去资源教室了。不断地表扬和鼓励申申，让申申再接再厉。

申申开始比较排斥和同学们打招呼，当同学和申申打招呼时，申申不理他们，继续做自己的事情，申申也不愿意和同学们一起玩游戏，申申不能融入他们。针对这一行为首先和申申说：当同学向自己打招呼时，要及时给予回应。我会以身作则，主动和班上的小朋友打招呼，或者回应他们，潜移默化，申申受到影响，也会跟着打招呼。初期阶段，申申主要以跟随模仿我为主。中期阶段，慢慢过渡到，在我的提示下，可以主动去打招呼。后期阶段，申申慢慢可以自己主动打招呼了。

申申每天早上来学校，都会主动和我打招呼，刚开始小眼睛没有看我，我引导申申打招呼时要看着别人。慢慢地申申学会了打招呼时看着别人的眼睛。开始申申只是和我打招呼，很少关注到别人。我示范给申申看，我和值周老师、保安叔叔打招呼，我打完招呼，让申申也要做一个有礼貌的小朋友，和他们打招呼，慢慢地，申申形成了一种进校门打招呼的习惯。

每天早上去资源教室打招呼，申申一进门就会主动和老师们打招呼。申申每次去资源教室，无论是上课，还是进去玩，进门之后主动去找老师打招呼，离开时，申申也会打招呼，跟老师说再见再离开。

在校园内，遇到任课老师，申申也会主动去打招呼，有时候遇到不认识的老师，申申也会打招呼，但大多以申申认识的老师为主。有时候申申看到老师和同学们没有及时打招呼，我会提示一下申申，他就会主动去打招呼。每次经过校医室，申申会和校医老师主动打招呼，还被校医老师称赞申申是全校最有礼貌的小朋友。申申被表扬也很开心，每次申申主动打招呼，及时给申申强化，表扬他、鼓励他、夸奖他，让申申更加愿意主动去打招呼。

经过2个月的陪读，我发现申申变化了很多，如：申申上课时抖腿的次数不断减少，甚至有一段时间没有再出现过；上课时，申申学会了悄悄话，就很少会大声说话或者大笑了，偶尔会用悄悄话的形式和我说一下；申申慢慢开始主动打招呼，也会回应同学们的打招呼；叫申申名字，他会给予回应；摸生殖器官次数明显减少，跑步时几乎没有出现这个行为，但偶尔会有一两次；上课时，注意力还是不集中，容易走神，要拉注意力；趴桌子不断减少，慢慢在消退；翘椅子的行为消退了，这些进步都让我欣喜。

目前，我国对孤独症的研究还尚未成熟，这一领域还有很大的发展空间和实践价值。身为一名特教老师，不仅要尊敬、理解、宽容和信任学生，还要正确看待孤独症，更要锲而不舍，尽职尽责，拿出更多的爱心、恒心、耐心、关心，尽自己最大的努力，去帮助他们更好地、更早地适应社会，适应不断变化的环境，不管我们开始有多艰难，只要家长和老师们都有信心，有一个好的心态，朝着对的方向，共同努力，孩子就会朝我们所希望的方向走下去，即使会很慢，却不断在前行。

我们要坚信：老师成为孩子最大的强化物，你就成功了。

耐心引导，等待花开的幸福

深圳市福田区皇岗小学　李云蔓

不知不觉，我教了这个班级三年数学兼任副班主任。从一年级带到了三年级。三年来，我用心教学，仔细观察，用心分析每一位学生。这个班级一年级时候有49位学生，他们各有各的特点，比如：有的胆小懦弱、畏畏缩缩，有的调皮捣蛋总惹麻烦，有的倔强任性屡教不改，也有的先天性不足，比较多的是多动专注力缺陷的……我对于不同类型的学生所采取的教育方式自然也是不同的，同时针对于他们所达到的教学目标要求也不一样。而这些学生当中，给我印象最深刻的是班上一个多动专注力缺陷障碍的孩子。

这个孩子叫刘某某。刘同学主要表现为：第一，学习成绩很差，上课完全不听讲，要么跟周边同学说话，要么就自己玩东西。一块像皮擦，或者一个笔盖都能玩大半节课。老师叫他把手上玩的东西收起来，他就咬指甲、扣手指，或者扔纸条打扰其他同学上课。每次老师提醒他认真上课，他也只能专注几分钟。第二，学习态度懒散，对于老师布置的作业，要么随便应付，要么干脆不交。

一、问题分析

第一，刘同学父母文化水平低，都是外来务工人员。由于文化水平低，生存压力大，孩子小时候放在老家跟爷爷奶奶生活，属于留守儿童。上学的时候才带在父母身边。由于农村老人不懂教育引导，都是自由放任式带孩子，父母也没有更高的教育思想觉悟，基本上没有过问孩子的思想品质和行为习惯。此所谓典型的"放任型自由生长育娃模式"。

第二，不管是小时候留守在乡下老家跟爷爷奶奶生活，还是后来跟在父母身边上学。每天父母跟他交流的时间很少。爸爸是的士司机，经常在外边跑的士，很少在家，妈妈在打普工也经常加班。所以，刘同学在亲情之间的感情需要比较缺失，比较少感受到来自父母的亲情温暖。

第三，由于刘同学自身存在注意力缺陷多动障碍等客观因素，导致他上课不听讲，课堂进度跟不上，作业无法完成，再加上老师经常批评教育，父母又放任不管。刘同学慢慢地对学习也失去了信心，开始自暴自弃，从而导致他的问题越来越突出。

看着刘同学一天又一天消沉下去，加上随着时间推移，越到高年级，知识越来越难，同学们的水平差距越来越大，我非常着急。经常在课后把他留下来重新再给他补讲当天的课堂知识，让他回家完成作业明天交给我。结果令我意外的是，第二天他并没有按时把作业交上来。于是，第二天放学后我又把他留下来补作业和当天的课堂内容。如此反复坚持了一段时间。我惊喜地发现，一对一的辅导，刘同学能够接受知识，跟上老师的思路，并且理解知识。但是由于他的学习习惯和自制能力很差，需要每天紧盯才能完成学习任务。但是，老师所教班级多，那么多学生存在问题，每天把那么多时间都花在紧盯刘同学作业和课后补讲课堂知识上，显然不太实际。于是，我在全班同学面前表扬了刘同学的进步，并对他的学习能

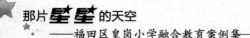

力给予肯定。这样做的目的，一方面能鼓励其他同学，尤其是学习成绩比较靠后的同学，另一方面主要是为了提高刘同学的学习自信心，激发刘同学的内部学习动机。

另外，我找班级其他科任老师和班主任沟通交流，了解刘同学其他科目的学习情况以及上其他课的课堂表现。经过多方面的沟通了解到，刘同学不仅仅是在数学科目学习上存在这些问题，在其他科目也一样存在相同问题。经过几个搭班同事的协商讨论，我们决定再次联系刘同学的家长，并且把家长请到学校来当面交流沟通。

二、行动措施

我们把刘同学在学校的各种表现耐心向家长说明，并且告知家长如果这样放任不干涉，长期下去对孩子的成长很不利，希望家长重视这个问题，并跟我们老师配合，一起携手努力帮助刘同学。当时，刘同学的家长还想自我放弃，灰心地说："老师，我也没办法呀！在家里我也天天跟他说你要认真听课，积极按时完成作业，可是他不听呀！他就是笨，怎么教也不会，都气死我了！我们家长能怎么办？"于是，我把前段时间把刘同学留下来辅导的详细过程和方法讲述给家长听，并告诉他们，刘同学取得了很大的进步。告诉他们孩子其实是可以进步的，只要我们不放弃努力。另外，还提醒家长，根据我们的观察，刘同学可能存在专注力缺陷的问题，建议家长可以带刘同学去找专业的人士做一下检查评估。经过努力沟通和解释，刘同学的家长欣然接受了跟我们一起携手努力帮助提升刘同学。

一个星期后，刘同学的妈妈找了我，悄悄跟我说，他们带刘同学去儿童医院找专业医生做了检查评估，医生的诊断结果是：注意力缺陷多动障碍。听了刘同学妈妈的讲述，我沉默思考了几分钟。我跟刘同学的妈妈说，从平时注意培养刘同学的良好习惯开始入手，多点耐心，多鼓励，少打骂。一定要接纳孩子，多关心、体谅、耐心给予孩子正确的引导和帮助，同时我对刘同学的能力给予肯定，希望家长千万不要放弃，一定要树立信心，坚持不懈地努力下去，一定能收获好消息。

儿童多动症是一种病态，不应歧视。他们需要老师、家长和身边每个人的接纳和关怀。陶行知先生曾经说过："谁不爱学生，谁就不能教育好学生。"爱是教育的前提，包容和信任是教育的开始。从此，我决定重新调整制定对于刘同学更加有针对性的教学措施。

第一，在课堂上，每当刘同学不听课时，我没有点名，也没有批评，而是走到他的身边，敲敲他的桌子，提醒他。

第二，平时下课后，我也会跟他聊聊天，谈谈日常生活，兴趣爱好……从而在聊天中拉近师生之间的距离，获得学生的信任，消除学生对老师的戒心。慢慢地，刘同学跟我分享的内心想法越来越多，在面对我时，笑容也越来越灿烂。每当他分心的时候，我一个提醒，他马上配合地调整过来。从他的眼神和表情，我能看到他是发自内心地配合老师，想改变自己。这时，我会及时表扬肯定他。收到老师的表扬肯定，我看到了他眼神中的满足。

第三，给刘同学重新设定学习目标和奖惩方法。降低对他的学习目标要求，布置相对比较简单一点的作业，多给他表现自己的机会。以此来刺激他，让他体验学习成功的喜悦，树立学习自信心，从而激发学习内驱力。

第四，通过跟刘同学的课后随聊和对他的观察去挖掘和发现他身上的"闪光点"。比如，他写的字比较工整，作业卷面整洁，喜爱体育运动等。对于他的这些优点，我给予表扬肯定，并以他的书写工整来激励其他同学。

第五，我经常跟刘同学的家长保持联系和沟通。我每天都会把他的作业发给他的妈妈。他的妈妈也每天晚上安排时间出来陪他学习，跟他聊天和沟通交流。以此，不仅督促了学习，培养了按时完成作业的习惯，及时复习巩固当天所学知识，还能增加亲子之间的陪伴，增进亲子之间的感情，弥补孩子对于来自父母关爱的情感缺失。此外，我还经常提醒他的妈妈，注意晚上不能熬夜，保证他每天拥有充足的睡眠时间。刚开始的时候，他的各科作业还没全部完成就已经十点多了。我跟他的妈妈说，太晚了，不要全部做完，把今天的知识重点题目完成，巩固一下今天的知识就好，剩下的明天再找时间补做。另外，平时作业要学会合理安排，先完成容易的，再做难的，做作业的时候，学习桌子周边不能有任何跟作业无关的杂物，以避免刘同学拿着把玩，分散注意力，拖延时间。还有在家里平时适当参加体育运动，释放一下能量和锻炼身体，注重饮食和生活规律。

三、成果收获

经过几个月的努力，刘同学的学习成绩不断往上提升。考试成绩从不及格上升到了八十多分，虽然还未达到班级平均水平，但是对于刘同学来说已经是一个非常大的进步了。每天的作业也会按时完成，课堂上有时还是会分神，或者玩小东西，搞小动作，但是老师一旦提醒就会马上改变。懂得尊重老师，配合老师。课堂上跟同学说话或者扔纸条的现象也基本上没有了。我把这些进步反馈给刘同学的家长，他的家长非常开心，同时也更加增强了信心，为后续坚持不懈地努力鼓舞了信心。刘同学现在也变得自信开朗了很多，明显看到孩子眼睛里有了光，每次下课都会热情开朗地喊我李老师。而不是像以前一样躲着老师，或者是默默地从旁边走过。此所谓家校配合，如虎添翼。

作为老师，没有任何事情比看到学生进步更值得欣慰的了。教育心理学上说：不同个体存在差异性，同一个个体的不同阶段也存在差异性。每一个个体都是不一样的，一个班上几十个孩子，性格和能力各不相同。有健全的，也有特殊的。作为老师，有爱心、有耐心、有包容之心是教育的前提。用心地用专业的教育措施和方法因材施教，是新时代对老师专业能力提出的要求。所以，看到学生的进步，我觉得这一切的努力工作非常有价值，非常有意义。

陪你慢慢走

——自闭症儿童个案分析

深圳市福田区皇岗小学　罗　曦

一、个案分析

张某，9岁，小学一年级学生。入学后通过观察发现，孩子课堂上基本不听讲，思想处于游离状态。他与人交流很少，常自言自语，多动不安，有明显的冲动和破坏行为：摔东西、不听从老师指令、大喊大叫、随意离开座位。为了逃避上课，他会把凳子藏起来，把书撕碎，躺在地上不起来，甚者大哭大叫。当有同学触碰到他时，他就会马上缩回去，或者大声喊叫。下课后喜欢一个人在角落，也不会主动和其他同学玩，有时会发出很大的声音，不顾及其他人的感受。

二、家庭背景

父母都是广东人，属于外来务工家庭。父亲经营电子产品生意，母亲做销售，平时忙于工作，很少和孩子交流。孩子小的时候和乡下的爷爷奶奶一起生活，由于老人对男孩子的溺爱，可以说是无任何约束和管制。

家长对其思想品质、行为习惯等方面也很少关心，是那种典型的"自由生长"。

三、原因分析

孩子入班后，我请教了学校资源教室的特教老师，和他们一起用自闭症行为量表（ABC），对他感觉、交往、躯体运动、语言、生活自理这五个方面进行了评估，发现他在这五个方面都有中度程度的障碍。

四、辅导过程

依据前期的观察结果，我确定了需要观察和记录的内容：问题行为、同伴互动技能、注意力。问题行为包括大喊大叫，大哭大闹，突然离开教室，破坏东西，刻板动作（每次要坐同一个位子，玩同一个玩具，看自己的手等）。同伴互动技能包括不主动和同学玩，拒绝或抗拒同伴的触碰，不懂得分享。注意力包括上课时容易被细微声音分心，不能稳定坐在同一个位置。

鉴于张同学的情况，我决定对他采取以下辅导方法：

（一）换个角度去衡量和评价

孩子是鲜活的生命个体，存在很大的个体差异性，作为老师不能武断地用统一标准去衡量所有学生，要学会欣赏学生、鼓励学生。张同学和其他的孩子不同，他虽然好动但也有一些闪光点：课间，他会到老师身边拉着老师的衣角，支支吾吾地说："老师，辛苦啦！"教室的地面上有垃圾时，老师刚一开口，他就主动捡起来，听到老师表扬时，脸上就露出了喜悦的神情……这些情况表明：张某的内心也是很孤独的，他的某些行为属于无意识的，是长期的不良行为习惯所致，只要细心诱导，应该会有所改变。老师的夸奖作为直观语言感受，是能够帮助孩子树立起信心的。

（二）用真诚和爱心去感化

对于张同学，他从小和爷爷奶奶生活在一起，父母忙于工作疏忽对他的关心，所以从某种程度上说，他也是个缺爱的孩子。他本来自身就存在缺陷，再加上爱的缺失，所以他是极度缺乏安全感的。对于张同学，在内心上接纳他后，还要给予他更多的关爱。在日常工作中，我经常有意无意关注他，一旦发现他有了小小的进步，便真心夸赞他。让他真正感觉到，老师不会对他另眼相待，相反，更加喜欢他。

在课上和课下，我经常会让他去做一些力所能及的事情，进一步肯定他的优点，增强他的自信心。让他认为自己也是班级里不可缺少的力量，增强他的自我认可。

（三）加强家校合作

造成张同学今天的状态，其实和家庭原因也是密不可分的。张同学的父母发现孩子与同龄孩子的不足后顿失信心，加上忙于事业，对他的关爱更是少之又少。所以父母角色的缺失也是造成孩子缺爱的主要原因。我通过家访、电访、微信等多种形式和家长取得联系，一开始，他们并不承认张同学和其他学生有不同之处，对我并不友好，认为我是在排挤孩子。我采用了同理心，和他们一次次促膝长谈。从母亲的角度出发，既能考虑到他们对于这个孩子的异常而苦恼，又能理解他们忙于生计的艰辛。慢慢地，从交流时的眼神中我发现，他们对我渐渐友好。接着，我请来了资源教室的特教老师对张同学的父母进行更加专业的辅导。张同学父母听从了建议，带孩子去了相关机构做了更加权威的检查。后来，我和张同学父母一起制订了帮助孩子成长的计划。每当张同学取得一丝进步时，我们会一起分享快乐；每当张同学情绪反复时，我们便会一起分析原因采取对策。这样家校携手合作，张同学的进步是显而易见的。

（四）发挥集体的力量

集体的接纳是对张同学最好的关爱。良好的舆论氛围具有明显的导向性，学生在互相欣赏的过程中能够更好地认识自己，更好地了解同伴，在一个更为包容、积极的环境中成长。我在班上经常引导学生接纳张同学，宣传"大集体"观念，倡导同学之间互相帮助，团结友爱。对于张同学的特殊，我们应该给予更多的关爱。

我给张同学特意安排一个自控力较强、乐于助人的班长做他的同桌。当他课堂上坐不住时及时提醒他，学习上有困难时，班长总能热情地帮助他，让他感受到集体的温暖。我又派几个班干部特意在课间时与他一起做游戏，进行童心交流，消除他的顾虑和胆怯。课下，我看他也能与同学玩耍，也能进行简单的对话，从他的表情中我看出来了他的进步。在潜移默化中，他逐步感受到交好朋友的快乐。

五、初步效果

一个学年过去了，张同学的进步让人喜在心头。他的问题行为减少，基本能遵守课堂纪律。课堂上，他偶尔兴致高时，还会举手回答问题。与人沟通的能力也加强了，下课时，他会主动帮助老师拿课本。课间，会拿着自己做的小手工给同桌看，当大家称赞他时，他的脸上流露出满意的笑容。家长反映，他在家里，不仅自理能力增强，还能主动扫地、倒垃圾了。有时坏情绪上来发脾气时，只要我稍加安抚，他也能尽快平稳下来。

我知道张同学的路还很漫长，但是就这样陪伴着他走一程，看着他的点滴进步，也能令我倍感温暖。也许，为人师，最大的幸福莫过于此吧！

张开双臂拥抱阳光

——多动症儿童个案分析

深圳市福田区皇岗小学　罗　曦

　　本学期，我接手了一个新的四（1）班，虽已提前跟班主任和科任老师了解过孩子们的具体情况，但是这个班级的现状仍让我惴惴不安。走进教室，41名孩子齐刷刷地看着我走上讲台，眼睛里写满了新奇和期待。只有一个坐在正中间前排位置上的男生趴在课桌上，不安分地挥舞着双手，笑起来双眼眯成一条缝，大声喊道："你是语文老师吗？"我心里一沉，心想：这孩子，还挺特别的呢！在得到我肯定的答复后，只见他坐直了身体，双手挠着后脑勺，上下仔细打量着我。我想：莫非这就是传说中那个"人见人怕"的小汤同学吗？果不其然，正是他！

　　小汤，男，10岁，上课坐不住，经常制造动静影响其他学生。和同学们相处很差，老是喜欢触碰别人，小则语言攻击，大则动手攻击，是办公室的常客，到医院确诊为多动症。他的异常举动令科任老师头疼，令同学们厌恶。紧接着，我就领教到他的大招了。语文课上，读书时他要么不张嘴，要么就是嘴巴里发出奇怪的声音不得不打断大家的齐读。写字时，他要么移动课桌，要么就是拿起笔装作书写的样子，故意撞击同桌的胳膊肘，造成对方写错。坐在他周围的同学一个个怨声载道，纷纷投诉。当我提醒他时，他怯怯地望着我，接着在本子上乱涂乱画。但这样的画面持续不到3分钟，他又自娱自乐起来，两支笔敲打着课桌，偷偷地观察着周边的动向，在同学们不满的眼神中哼起了小曲儿。课间，趁别的孩子不注意打人头一下，打人屁股一下，然后又神速地跑开。他还把口水鼻涕弄到手上再擦到自己衣服上，有时还吐到其他同学的课桌、书本上甚至是别人衣服上。同学们见到他，纷纷躲避，不愿和他做游戏。

一、分析问题的成因

课后，我约谈了小汤父母了解情况。这个孩子的父亲是出租车司机，外来务工人员。母亲在生育孩子时出现一点小状况导致孩子轻微缺氧，但后来检查也并无大碍。孩子从小就是在农村老家和爷爷奶奶一起生活的，由于老人对孙子的宠爱，所以孩子没有建立规矩意识。直到就读小学时，才被接到父母身边。母亲因为孩子生性调皮索性就辞职在家，专职带孩子。妈妈每天接送孩子上学放学，除了做家务就是给他辅导功课；爸爸周末会陪他一起打球，给了他很多的鼓励。但是在深圳的生活压力很大，父母也会因为琐事在家争吵。在父母的反复教育下，效果并不见佳。随后，我通过微信、QQ与小汤的父母建立联系，谈及孩子的现状，妈妈一边担心一边期待着老师的帮助，说到孩子已经能从一年级时上课随意走动、大声辱骂师生、时不时拿同学的文具到现在上课时间可以坐在自己的位置上，老师同学们的包容和帮助让这位母亲很是感动。

对于小汤来说，从出生就离开父母和爷爷奶奶一起生活，这就造成了父爱母爱的缺失。再加上学龄前他一直在老家生活，没有接受正规的学前教育，因而就不能形成良好的行为习惯。家庭智力生活的局限性和

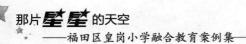

贫乏性，也是造成他发展上偏差的最有害因素之一。成绩差，加上行为举止怪异，班级里的孩子也不愿意和他相处，经常被老师批评，这又使他变得更糟糕。

二、解决问题的对策

为了更有针对性地对小汤实施教育计划，我开始查阅青少年儿童多动症的相关资料，并积极咨询了有关心理专家和学校的心理辅导老师。多动症多呈慢性过程，症状持续多年，甚至终身存在。约70%的患儿症状会持续到青春期，30%的患儿症状会持续终身。更重要的是，因为孩童时期的忽略，会导致成人无论在工作表现、日常生活或人际关系的互动上都会产生困扰，以至于陷入自信心不足、挫折、沮丧、不明的脾气暴躁，甚至产生忧郁症。如果不尽早治疗，在成人期可能出现人格障碍甚至违法犯罪等反社会行为，对患者学业、职业和社会生活等方面产生广泛而消极的影响。多动症孩子不遵守课堂纪律，上课注意力不集中，并不是他们不想学习，也不是故意要跟老师作对，只是他们对自己的行为缺乏自我控制能力。多动症儿童的矫治需要家长、学校和社会的大力支持，要让他们和正常儿童一起接受教育，普通老师需要掌握一定的专业知识和方法，全社会都应该关爱特殊儿童。于是，我决定从以下四个方面对小汤实施教育策略：

（一）撕下标签重新定位

特殊儿童需要特殊的爱。面对小汤之前课堂上的种种不良表现，一味地指责批评不仅不能安抚他，反而会给其他孩子的心理造成负面的影响。我们不刻意去回避，也不刻意去强化，只需要通过无意识关注、习惯矫正等方式引导孩子走出负强化的误区。

（二）制订方案有条不紊

我请教了学校资源教室的特教老师和专职心理辅导教师后，根据小汤的实际情况，制订详细的教育方案，注重个别辅导，通过设定游戏和各种活动，有步骤地引导小汤向正常化转变。同时制定行为记录表、活动记录表，随时做好观察记录工作，并根据记录表，分析教育效果，改进教育策略。

（三）正面引导集体感化

对于小汤，在与他的不断接触中，我们了解到他既需要专业的心理疏导也需要正常学习生活氛围的熏陶，引导他积极参加社团活动、值日生工作，对他而言是一次次全新而充满挑战性的体验，这样的鼓励和氛围，使他有了新的兴趣和情绪释放点，甚至会出现想和别人比一比谁做得更好的积极动力。班上植物角里新买了几盆绿萝，我鼓励他担任植物角的管理员，他欣然接受。通过观察，我发现他对待绿萝特别细心，在照看植物的同时，慢慢锻炼他的自控能力。在他精心照料绿萝的过程中，我引导他发现绿萝身上的品质——它遇水则生的顽强生命力，鼓舞我们在成长中遇到困难也要自强不息；它不争不抢、安静生长，提醒我们言行文明，不打闹、不说脏话；它索取很少，却净化环境的无私品质，感染我们互帮互助、友善交往、和谐共处……

面对班上其他学生，我倡导"大集体"观念，让大家对小汤多包容多理解。我安排了班长作为他的同桌，把他分到了实力最强的小组。当他课堂上坐不住时及时提醒他，学习上有困难时，班长总能热情地帮助他，让他感受到集体的温暖。每次小组内有任务时，大家总是让他做最重要的"执行组长"，带着大家"冲锋陷阵"，达成目标，完成任务。在潜移默化中，让他逐步感受到交好朋友的快乐，帮助他学会与人交往。

（四）家校融合双剑合璧

学校教育离不开家庭环境的支持。儿童的成长离不开家庭，教育的效果也不能脱离家庭环境的支持，多动症儿童也不例外。他们很多时间都在家里，家庭成员对他的态度、家庭成员之间的关系，都直接影响着多动症儿童的行为。一开始，小汤的父母对孩子的表现很失望，似乎有点想放弃。于是，我三番五次约谈他们，利用休息时间去家访。一次次的谈话，一次次的努力，我采用换位思考、同理心等方法，反复劝说，肯定小汤的优点。告诉他们我和资源教室特教老师对小汤制订的详细教育方案。慢慢地，小汤父母得知我的态度后，终于被感化了，他们放下了戒备，表示会积极配合老师的工作。我要求家长关心孩子，给孩子营造良好的家庭环境，同时，尽量减少不良言行对孩子的影响。在家里多给孩子关怀，陪孩子活动，不要总让孩子一个人待着。建议家长要给孩子积极良好的情绪示范，避免不良情绪对孩子的影响。他的母亲为了配合学校，教育好自己的孩子，到学校进行陪读，上课时母亲在外面坐着，下课期间就进班守着小汤，整整坚持了半个学期。令人欣慰的是，在家长与老师的双重教育之下，他慢慢地有所改变了。他的逐渐转变也赢得了同学们和老师的认可。

哲学家詹姆士告诉我们："人类本质中最殷切的要求是，渴望被肯定。"每一个孩子都是如此，多动症儿童也不例外。通过几个月的教育探究，小汤总体是有进步的，语文学习成绩更是有了很大的进步。这些都与科任老师的积极配合和孩子们的帮助是密不可分的。我也知道，对于多动症的孩子，行为偏差现象肯定是存在的。对于这些特殊孩子，我们更是要多一分耐心，多一分爱心，多一分支持！让我们和孩子一起，张开双臂，拥抱阳光，一路奔跑！

小学融合教育
案例故事

耐心交流，真诚感化

深圳市福田区皇岗小学　戴　智

什么是星星的孩子？他们是对患了自闭症儿童的特殊称呼。星星的孩子，来自遥远的星球。

星星的孩子一人一世界，每个世界都很奇妙。他们有目光却从不曾与你对视，有人说眼睛是心灵的窗户，你要想透过这扇窗户"窥探"他们的世界，确实并不简单。他们有语言却不能跟你很好地交流，常常答非所问，或者重复你的话，或者自言自语，更多的时候就是不吭声。他们有听力却经常充耳不闻，他们只听他们喜欢听的，也常常厌烦嘈杂的声音，经常想逃离人多的地方，待在自己的世界。

一、我初识的他

姚同学，男，9岁，小学四年级学生。初次见姚同学是在我的第一堂课上，一见面就老师好老师好叫个不停，还跟别人介绍说："这是我的帅老师！"上课时，别的孩子能按教师的要求遵守课堂纪律、专心听讲，积极回答问题，而姚同学稍不注意就钻到桌下，在教室内到处爬，在桌面上、墙上乱画，到同学的座位旁拿别人的东西，有事没事就撕课本并把纸放进嘴巴里嚼碎，上课不怎么听讲，一分钟都没办法安静。做眼保健操时，要么在队伍中穿梭，要么躺在地上。课间活动时经常伤害他人，拿着铅笔和尺子打闹，入学一周不到就将班上的同学都打了个遍，老是喜欢和其他同学打架。因此班上的孩子时时告他的状，也不太喜欢和他玩。老师找他谈心时，他根本不能倾听，无法集中注意力，往往是"顾左右而言他"，无法与其交流，如果训斥，则会找出各种理由来狡辩，不予理睬，让人束手无策。

为了更深入地了解他，就想看看他在别的课上是咋表现。在学校行政推门听课时我走进他的体育课。姚同学能够听老师指令排队下体育场，但是由于环境的不同，姚同学开始不听老师指令到处乱跑，跑步要么是偷工减料半操场绕过来，要么拉着旁边的同学手牵手在那散步，体育老师提醒之后要么摆鬼脸或者捡地上的垃圾，再或者躺在地上乱滚。我看他实在是没有办法安分下来，我就拉着他的手坐在一旁跟他聊天。其间我发现姚同学对人的信任感极低，如果对其强化，只能用正强化，并且强化物一定要给他看到，不然他会觉得你是在骗他的。我跟姚同学说，只要你表现好了，老师以后天天来看你，姚同学则会天真地问："是真的吗？你真的会每天来看我吗？你不要骗我哦！"再三确定后才归队认真执行体育老师的指令。姚同学在队伍里会时不时地回头看我，我则对他的行动给出大拇指，他看到大拇指后就更加卖力了，从这可以看出姚同学是一个很爱表现很需要别人关注的小可爱。

资源教室的肖老师说，由于姚同学问题很严重，所以我对姚同学以往的资料以及其家庭进行了详细的了解，最终发现姚同学之所以会如此是因为处于离异家庭加之自身的承受能力较差。

二、问题的解决

（一）建立起一种新型的师生关系

学会尊重每一位学生做人的尊严和价值，学会赞赏每一位学生。赞赏每一位学生的独特性、兴趣、爱好、专长，赞赏每一位学生所取得的哪怕是极其微小的成绩，赞赏每一位学生所付出的努力和所表现出来的善意及对自己的超越。

学生也是社会的人，社会的人是相对"生物的人"而言，其最重要的标志是有理想、有意识、有自主性和主观能动性。作为"社会的人"，每个学生都有自己的独立人格、尊严、个性和心理境界。有研究表明，学生最大的精神需求是受到尊重，他们希望与别人，与成年人、老师平等相处，相互尊重并彼此理解。虽然教师比学生的知识更广博，能力更强、经验更丰富，但二者在人格上是平等的。新的学生观要求教师必须充分尊重学生的人格，坚信对学生的尊重、信任、理解，关心是教育好学生、塑造好学生心灵的前提。我在课上和课下加大了对姚同学的关注，多问他，看着他写作业。找同学和他玩，降低姚同学的故意行为。此外，我利用管理资源教室巡查时间对姚同学进行教育，让姚同学知道，班级就像一个大家庭，家中的每个人要相互帮助，相互关心。写作业时，他和你说话，你不要搭理他，这样他就不会再找你聊天了，或者你提醒他赶快写作业。同学间要谦让，要宽容些，从小要学会关爱他人，长大后，才能爱我们身边的每一个人。此外，与家长密切合作，从家庭、学校两方面统一策略，共同引导姚同学。

（二）专注力提升的训练

1. 帮助孩子学习

当只能够把注意力集中于某件事情的时候，姚同学就会去探索未知的东西，寻求解决问题的办法。比如：经常喜欢搭乐高的孩子更容易掌握组合与分解的知识技巧，这可以提升孩子的思维能力。在资源教室个训课中，见资源教室老师除了陪姚同学玩乐高以外，还会上一些小游戏，如：我们一起找数字、一起搭积木、大灰狼饿了等游戏。

2. 锻炼孩子的毅力

当孩子专注某件玩具长时间玩弄时，不知不觉中也锻炼了他的恒力和毅力，有关专注的游戏还可以帮助孩子克服散漫的习惯，帮助孩子养成一个良好习惯，还能够让孩子沉着冷静地处理事情，形成良好的心理素质。我跟资源教室肖老师沟通，在他的个别课上多与他聊天，多一些活动的游戏，可以合作完成，也可以自主完成。

3. 提升孩子的信心

如果看见姚同学在班上做了任何值得表扬的事情，我都会及时地夸赞他。在音乐游戏时，他只要通过自己的感受跟着音乐的节奏大致模仿，我都会及时地对他给予表扬及鼓励。这让他体验到了学习成功的快乐，不仅如此，还在学习中提升了他的自信心。

从跟姚同学的接触中，我深深地感到，我们要多一些宽厚真诚的爱心。心灵过分脆弱、缺少爱的学生大多有点偏执，脾气或许有点"怪"，千万不能因此而嫌弃姚同学，也不能硬要姚同学立即把坏毛病改掉。每个人的个性千差万别也是正常的。我们如果能以一颗宽厚真诚的爱心去教育姚同学，必能使他走出暂时的心灵阴影，而步入人生灿烂的阳光地带。

教师不能把学生看成是一成不变的人。教师要研究学生现实的认知和思想。而不能简单地以自己的认知和思想来要求学生。"天生其人必有才，天生其才必有用。"每一个学生都有着巨大的发展潜力，每一个学生都有各种发展的可能性，每个教师应该对学生可能发生的变化以及这种变化所能达到的更高水平抱有信心。学生的自主发展并非齐头并进整齐划一，而是各具特色争奇斗艳。学生身心发展水平之间的差异表现是多方面

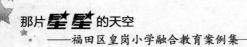

的。每个人不可能站在同一起跑线上，不可能以同样的速度，以同样的方式到达相同的终点。面对差异，在承认和正视的基础上，更为积极的态度是研究差异，发展个性特长，使学生群体呈现出丰富的统一，为各种人才的成长打好基础，提供条件，使差异成为一种宝贵的教育资源。

孤独的前方，是星辰大海

深圳市福田区皇岗小学　康 喆

　　"自闭症患儿是天赋与缺陷的神秘组合，就像星星和月亮一起照亮前方。"几年前，坐标上海，我独自坐在学校的图书馆里，翻开了一本关于自闭症儿童的书。现如今，我成为一名人民教师，了解到一旦孩子被贴上了"自闭症"的标签，他们将会面对偏见，甚至被同伴另眼相待。

　　而有时，人们常将自闭症归咎于患儿的母亲。可据我观察，学校中的自闭症儿童大多由自己的母亲陪读，风雨无阻。可以说，母亲的一生都"奉献"给了学校和自己的孩子。这些妈妈具有超然的勇气和毅力。而同样身为母亲的我，在休完产假的第一周，也经历着这样的"洗礼"。

一、初识

　　2021年9月，我回到久违的学校，校园中所有的景象都迸发着生趣，校门、教室、公共区域甚至食堂都焕然一新。一声洪亮的"老师好！"让我的脚步戛然而止，回头找寻这位懂礼貌的学生，定睛一看，一位小男孩顺势向我跑来，他有一双炯炯有神的大眼睛，在他圆圆但小巧的脸上显得格外醒目，我愉快地应着："早上好呀！"他跑到离我近一米的距离，停了下来，对我摆摆手又转向另一位老师问好。

这学期我接手二年级，初到班级，他们一双双好奇的眼睛停留在我的身上，他们窃窃私语，猜测着新来的音乐老师姓什么，会带着他们在课堂上擦出什么火花。我也给他们足够的时间观察我，讨论我，欣然地接受他们给我"贴标签"。

唯独，坐在第三组后排的一位男孩吸引了我的注意，这不就是前几天热情和我问好的男孩嘛。只见他笔挺地坐着，低垂的眼睑被他浓密的睫毛覆盖，深圳秋日的光线依旧洋洋洒洒地投射在班级，蓝色的窗帘半遮半掩，他眯了眯眼睛，用手轻轻揉了揉，又重新回到最初的坐姿。我走下讲台，和其他孩子交流，当我慢慢靠近他时，他立即转身望向坐在最后一排的人。那位女士眉清目秀，模样姣好，一席黑色的披肩长发顺滑地披在肩膀，我猜，这位一定是孩子的母亲。我小心翼翼地又退回到讲台的位置，暗自观察。孩子的母亲起身摸了摸孩子的头，躬下腰身说了两句话，他那双灵动的大眼睛瞬间有神了起来，我们的目光在一瞬间对视着，那一天，便是我们第二次"相遇"。

二、了解

后来在和班主任了解班情时得知，他叫睿睿，是一位自闭症儿童，睿睿不宜吃鸡蛋，这类蛋白质会使他变得兴奋。因为嗓子的原因，饼干和薯片之类的也不宜多吃。这就提示我在给孩子们发礼物时，尽量避免给甜食。

我还从资源老师那里获悉，睿睿喜欢唱歌和打架子鼓，乐感方面比同龄的孩子突出，这一点让我尤为兴奋。在每一节上课前，睿睿总是班级当中"最守规矩"的孩子之一，也是最先做好课前准备的同学。我观察到，他讲卫生，总是用抹布将自己的课桌擦得一尘不染，音乐书整齐地放在课桌的左上角。在几周的课堂观察中，我发现他上课时会不自觉地抖腿，自言自语或突然高声说话，当出现这种情况时，全班同学的目光总会集中在他的身上，为了不打扰到其他同学，他的母亲总会第一时间制止他，将他的身体重重按下。那一刻，我明显感觉到他脸颊泛红，手足无措，眼里充满了茫然和不安。再后来，当突然发生这类事情时，我会立马转变自己的语音语调，转移其他同学的注意力，让睿睿和妈妈摆脱一丝尴尬。

三、改变

一次，在路过资源教室时，我看到睿睿的情绪激动，埋着头咬自己的手臂，资源老师即使百般阻止他还是用指甲弄伤了自己的手。资源老师轻轻地叫着他的名字他依旧不予回应，后来得知是因为睿睿上课注意力不集中而受到了批评。

下午上音乐课，我刻意总是站在离睿睿只有一臂的距离，想时刻观察他的情绪变化，看得出来，他的心情还是有些低落，自顾自地玩弄着自己的文具。当歌曲唱到"掀起了你的盖头来"，我在他面前蹲下，想用课上的道具"纱巾"轻轻地盖在他的头上和他互动，可他的身体那一瞬间像被冰天雪地的寒风凝固住了一样，就这么木讷地坐在座位上一动不敢动，我看出了他的惶恐，情急之下将这个道具盖在了睿睿同桌的头上，"你的脸儿红又圆啊，好像那苹果一般样"。唱完这一句歌词，我用余光偷偷地看了一眼睿睿，然后"仓皇而逃"。睿睿看着戴着面纱的同桌，一声不吭，也面无表情。我没有想到，这些儿童比我想象中的还要敏感。这种敏感不是惊讶、不是狂躁、不是号啕大哭、不是踱步徘徊，而是"临危不惧"，他们似乎有着比其他人更细的神经，能够嗅到微弱的信号，这些信号往往是他们认知中危险的存在。那是我们在课上的第一次"交手"，我以失败告终。那节课后我脑海中一旦出现睿睿的面容，就会联想到他躲闪我的眼神和原地不敢动的场面。

可是，睿睿的心里到底藏着什么呢，表面上风平浪静的他，心里一定是一汪深不可测的海，那里一定是色彩斑斓，那里一定是有明有暗。我怀着不安和好奇又尝试与他的同桌表演了几次，而当快要下课时，我在"遥远的"讲台，对他唱着："你的眼睛明又亮呀，好像那秋一般样。"我真的想对睿睿说："你的眼睛明亮得像皎洁的月，你是天底下珍贵的一颗小行星，即使你的运转轨道不与人同行，你时快时慢，总有自己的运行轨迹和节奏，不与人相悖。"

一次戏剧课，我惊喜地发现睿睿对朗诵很感兴趣，他饶有兴致地拿着脚本"摇头晃脑"地跟读，眼睛还时不时地盯着旁边的同学看，即使他的应变能力和节奏感还并不能达到"表演"的水平，但我还是兴奋地邀请他上台为大家朗读。他一字一句地念着："我的，祖国，高山……""巍峨"（台下的同学齐声帮忙）"暮色，苍茫，任凭风云掠过。我的祖国，大河奔腾，浩荡的洪流，冲破历史翻卷的……""旋涡"（同学们再一次齐声呼应着）。我看到这样的场面，激动地站在睿睿的身后，双手放在他的肩膀上，想再多给他一份力量。他的身体下意识地向一旁闪躲，我立即意识到他感觉"危险"，因此慢慢躲开。

当睿睿朗诵完，全场响起了经久不息的掌声，那一次掌声是令人动容的，是孩子们由内而发的，那一瞬间，"同理心""赞扬与欣赏""公平对待"在孩子们的身上彰显得淋漓尽致。

"我们每个人的大脑都是独一无二的，而我们对待那些最特殊群体的方式，决定了我们在本质上是怎样的人。"这次经历，不仅让我看到了睿睿是一位"天赋异禀"的孩童，同样，我也透过睿睿看到了其他孩子的珍贵品质。下课时，我正在收拾教具，睿睿跑上前来对我说："老师，我学会打麻将了"，那是他第一次愿意离我这么近，我才发现，他仰起头灿烂地笑时，眼睛是一弯浅浅的月。

四、未完待续

从第一次的败下阵来，到害怕肢体接触，再到愿意和我开玩笑，睿睿和我的遥远距离在时间的冲刷下变得模糊不清。每当我路过他的班级，他总微笑着四处闲逛，或在空中交叉着手指，或刻板地重复比画出某些动作，不时低语或哼唱同一首由三个音符组成的曲子。我爱听他"创造"出的声音，因为那些"掷地有声"的回响是睿睿内心最"冲动的"向往。我知道，我和睿睿的故事才刚刚开始，我愿承载着无尽的星光，在这个充满变数的世界里，成为他生命中的"常数项"，可信可靠，不屈不挠。

是成功，还是合格

深圳市福田区教育科学研究院第二附属小学　董江涛

孩童时代对任何事都处于懵懂状态，一切就如盘古开天之前的混沌世界，记得当时的一位老师跟我们说过，当然这句话被她引用在了一个学习较差的同学身上。这一切都好似往事尽已模糊，但是记忆犹新的是我当时心中就已对教师行业"深恶痛绝"，立志做什么都不能做一名教师。多年后，在愿望一次次破灭的同时，我真的成为一名所谓太阳底下最神圣的人——教师。

屈指可数，从教多年的我随年龄的不断增长，早已淡忘了当时的豪情壮志，日子一天天地流过，人已不断成熟，也从未感觉有任何遗憾，反而对教师这一行业产生了浓厚的兴趣，这是为什么呢？有时自己都不断问自己，最终只能找到含糊的答案，可能是我把这一行业当成了"研究人"的另一行业了吧！

我刚出校门，19岁时来到深圳，还记得当时是多么的年轻、幼稚，任何事都是那么新鲜、好奇，干劲十足的"初生牛犊"妄想创造出一片属于自己的"天空"，但是俗话说得好，"万事皆磨炼，任何事都不能操之过急"。年轻气盛的我就不断地经受一次次的挫折、打击。还记得母亲曾说过："一种经历就是一种财富。"就这样我足足熬过了八个年头，从一个乳臭未干的毛头小子，逐渐变得成熟起来，坚强起来。

2004年的下半年，我来到了一个新的环境又一次从头开始，接受新一轮的挑战，这次挑战非同一般，正是我从未经历过的班主任工作，说来也惭愧，这么多年的磨炼中，还从来没有接受过这样的挑战，心里真的有些难以承受。在接班之前，我曾经假想过种种情形，也曾认真构思过种种设想。我这个人有着不敢奢望的性格，不求有功，但求无过就已满足，但事实并非如此，在校领导的鼓励之下，我鼓起了勇气，终于踏上了四（1）班的讲台。接班后，我和孩子们从互相不熟悉到逐渐熟悉，从不了解到逐渐了解，从不理解到逐渐理解都好像是命运的安排，在孩子们的心中，我这个老师是命中注定，在我的心中他们是我生命中不可缺少的一部分，更是我的骄傲，直到现在他们每个人的面庞都还可以一一闪现在我的眼前，流淌在我的心中，他们的每个微笑，每个动作，每一句话，甚至每个人噘起嘴的样子我都深刻在心，所以我说他们是我生命中不可缺少的那一部分，也可能是我寻找多年的那一部分，那道光芒。

一、接班后的第一次矛盾

矛盾，是两个人或两个以上人因意见不统一而产生的分歧。这个矛盾可大可小，可轻可重，当然造成的后果就有个程度的区别了。在小学的集体中，难免会有矛盾，如何处理矛盾？如何把矛盾化小？如何把分歧转化为统一的思想？如何把内部的矛盾消灭在萌芽之中？

多年以来就有人与人的关系是最难解决的问题之说，我的班集体当然也不例外，小孩子有矛盾也是非常正常的事，关键在于班主任如何引导，这一点，在开学之初我已把它列为首要大事去看待，在我正想寻找机会的时候，我的集体中发生了这么一件事，有两个男同学因为互相不熟悉对方的性格，出现了矛盾，甚至在课室大打出手，在我得知此事的时候，先是感觉心中一阵刺痛，看到两个人互相抓挠的痕迹，真的是心疼，但这个时候却不能因为怜惜而忘记教育的契机，正所谓能发现并能抓住教育契机的老师才是最为成功的老师，有这理论充实的我肯定要在这个时候显露一番，整个处理的情形可能跟其他老师的方法大同小异，但是看问题要看全面，打仗要看全局，所以我就抓住此事在集体中宣讲同学之间关系的处理方法，在我的头脑中我坚持集体中的每个人都是应该互相尊重、互相关爱的，既然人人都存在这个集体中，就应该互相当成是自己的亲生兄弟、姐妹，应该互相关心对方，营造一个"温暖的家"。这是至关重要的，多一点关心，存一些小异这也是更加重要的，另外男女同学也要有个区别，在小学阶段的学生不论男女都会有些自己的想法，而且都会有些小心眼，庆幸的是我针对这一可能出现的情况也做出"对策"，在我们的"家"中，男同学和女同学都应该取长补短，这个方面就要体现在，男同学要取女同学细致的长处，女同学要取男同学大气的长处，这样一说所有的女同学像得到了认可一般都做事尤为细致，所有的男同学也不例外，都变得非常大气，非常的男子汉，就这样我达到了我的第一个目的，从那之后，所有的同学都增进了感情，增进了友谊，也能够主动地去接受别人的短处，并在这基础上灌输自己的长处，就好像每个人都是个加油站，谁都可以在对方的身上加油一样。

二、带班后第一次感动

我坚信自己是个比较感性的人，但相信任何人经历了这一场面之后都会被感动，我所讲述的感动并不至于让人痛哭流涕，但足以让我铭刻于心了，这要从开学一个月后讲起了，在即将参加区里组织的中小学生运动会的组织工作中，学校成立了第一个方阵，作为检阅队伍。这个方阵凝聚了很多老师和同学们的血汗，在每天紧张的训练中，学生们不仅锻炼了耐力，而且增强了自信。我的集体中也有大部分人参加了此次训练，同学们每天的辛苦我看在眼里，确实感觉心疼，但我坚信这是证明他们成熟的又一标准，没有过不去的关，人生当中这些不算什么。在比赛的那天每个人都表现出了他们的最佳状态，学校也因此得到了荣誉，在校领导的关怀下方阵中的每个学生都能得到他们最渴望的麦当劳的汉堡，无独有偶，在学生领取汉堡的时候发现数量与人数不相符合，偏偏只少了一个，在这种情况下让学校出面再去采购一个的话又觉得有些没什么必要，但是确实也是个很棘手的事，我冷静下自己，对所有学生又灌输了一种思想，我们的集体中应该不断涌现出模范，而且模范的力量可是没有穷尽的呀，正是在互相关爱，取长补短的基础上，同学之间建立了感情，而且正是这种感情在这极为窘迫的时候帮助了我，我们的班长主动站出来，拿着自己的汉堡对那个没发到的同学说："我的给你吃。"这也是我意料之外的事，这个汉堡在两个人的面前停留了好久，那个同学没有接，但就在这时，副班长和其余的同学都站起来手举他们的汉堡高声地说："我的也给你。"这一场面真的足以让我痛哭流涕了，但当时我还是控制住了自己心潮汹涌的心情，在同学们的坚持下，那个同学再三推辞，场面一度有些僵持，该是我出面调解的良机了，我更加不能错过了，选择了一个折中的办法，这个办法比较普遍，而且肯定很多人都会认为我有些官僚了，无所谓，当时我认为这种方法再好不过，从职务高低论，既可以给集体中的干部树立威信，还能锻炼他们，使他们逐渐达到"优秀"，既教育了团体，又塑造了干部形象，何乐而不为？正副班长每人谦让半个汉堡，这时停在半空中的手，不再僵持，那个同学双手接过汉堡的同时眼中也湿润了，同学们的反应也都只有一个动作了，那就是长时间的鼓掌，两个班长这时才感觉有些害羞，红润的脸蛋爬满了自豪的笑容。呵呵，我在心中自然非常自豪。

三、新学期的又一次自豪

光阴似箭，岁月如梭。一学期相处的日子就这样匆匆过去，在放假的这段日子里还真真有些想念这些小家伙，转眼间又要开学了，我非常清楚这对孩子们来说是非常不愿意的事情，开学后，我们之间似乎形成了一种默契似的，什么事情都是他们主动想出来，做出来，但面对我的新问题又出现了，班里多了一些新的同学，这些同学并没有经过特殊训练，所以不论走路做操都是"百家争鸣，百花齐放"什么样的动作都有，第一天的走步就可以看出我们集体里的同学与他们的区别是非常之大的，这可真的把我给难住了，难不成我还要单独再训练一次这些插班生吗？我想了很久，最后得出结论：让全体带动个体，在鼓励的基础上，还是要利用集体的凝聚力去影响他们，果然效果出现了，在短短的三天之后全班同学的步伐一致了，手臂所摆的高度也基本一样了。星期五又来了，这对所有生活在城市里的大部分人都是一个比较开心的日子，而学校就在这个下午组织学生在操场进行全校队列训练，2个小时的时间里，学生训练踏步走，然后分班进行观摩，在训练中学生真的有些坚持不住，确实让人看到挺心疼的，轮到我们班要走一圈让其他班级观摩的时候了，大家听到我一声令下又马上精神抖擞，就好像真的是把他们从一些幻想中拉回来一样，1、2、1、2……我心中在暗数，在他们那就只能听到脚步声了，好不容易走完了一圈，回到班级的位置同学们真的坚持不住了，我也确实有些累，也可以理解他们。在所有班级观摩结束后，突然听到校长在小结中说："下面让四（1）班的全体同学再为我们走一次我们认真地再学习一次。"这让我非常意外，真的一点准备都没有，更何况学生们都很累很渴，个个都好像要瘫倒一样，这时他们也听到了校长的话，有的做出怪脸，有的一脸苦相，有的在瞪着眼睛观察着我，好像是等我下命令一样，到这个时候我觉得是绝对不能退缩的，我马上对同学们表示，这绝对是个好事，是个振奋人心的消息，是我们班的荣誉，是我们用辛勤的汗水换来的，难道我们要轻易地把机会让给别人吗？听了我的话学生像是吃了兴奋剂，一下子就像充了气的皮球一样，胸有成竹的，一声令下，呵呵，比刚才那次走得还要有气势，我突然回想起上个学期的几次队列训练以及表演，又一次体会到了自豪。

回头来想，带个班级是有些辛苦，但我觉得辛苦是真的可以换来开心的，以前真的不理解，但是自从踏入这一行慢慢地已经有所领悟。有一天，我突然有个这样的想法，一个成功的老师与一个合格的老师到底会有什么样的区别呢？我又将往哪个方向去发展呢？

小社团，大家庭

深圳市福田区教科院二附小　董江涛

当我看到身边的同人在为大事小事忙前忙后的时候，总会时常感叹："唉，学校里的一线音乐老师真忙啊，只能拼了命地干活，干活，再干活。"再看看另一部分的同人在各大报纸杂志甚至有影响力的专业刊物上发表论文、感言、反思之类的文章时，又会感叹："学校里的一线音乐老师不就应该干好自己的活，上好自己的课吗？"对于一个资深的一线音乐教师来说，这种想法已经过时，适时地总结看来是有好处的，虽然经历是有限的，但也可以对"我的前半生"进行一个极好的说明，同时对于"我的后半生"更加是意味深长的。

坐在办公桌前思考问题的时候，忽听从门外传来小朋友们的嬉戏声，内容大致是这样的："欺负我们组的干吗？"于是我脑子里突然跳出这样几个词："人类""群居"，接下来又演变为"集体""荣誉感"这几个词，没错，这就是我此刻的想法，也是我的开场白，借陶行知老先生的话来说，"集体生活是儿童之自我向社会化道路发展的重要推动力，为儿童心理正常发展的必需，一个不能获得这种正常发展的儿童，可能终其身只是一个悲剧"。人就是如此，看似一段经典之言，内涵深远，甚至可能带有悲剧色彩，但恰恰就是强调了个体、集体、团队以及团队精神的重要性。

在现阶段的我国学校中，各色社团活动可谓是占据学校工作的半壁江山，当今社会对素质教育的要求已经提升到更高的层面，今后的升学考试将对"小三门"学科进行测评，音乐、美术、体育变得更加重要，包含在美育中的音乐学科相比美术学科则更加抽象。素质教育中重要的一方面是培养孩子的个性和爱好，对于一部分孩子来说，课本上的知识已无法满足他们的个性需求，这时个体的爱好就会体现出来，学校的各色社团当然恰到好处地解决了这些孩子的迷茫和困惑。在这个世界里，任何事物都要遵循它的自然规律，兴趣爱好同样如此，人对事物的持久性会产生变化，更别说是孩子以及青少年们。

案例一：老师，对不起，我迟到了！

合唱对学生的要求较高，要在学生具备一定的识谱能力、听音能力与歌唱基本技能的基础上进行，所以合唱社团在组团之初各学校惯例的做法都是在全校挑选出有良好声音、较宽音域、音调准确、听辨能力较强并对音乐感兴趣的孩子，但我们面临的现实情况却是学校学生总数较少，可谓是"矮子里拔大个儿"，很多孩子是有兴趣，但先天条件不够好的，全都要靠老师后期的"精心打磨"，我们在组团后把训练时间固定在早上和下午两个时间段，早上的时间主要是练习气息、发声、歌唱的感觉、声音的位置。起初孩子们的兴趣非常浓厚，但随时间的推移，个别孩子思想上开始松动，有这么一个小女孩，是一个韩国的小女孩，条件还是挺不错的，后来慢慢出现迟到现象，我们这时一方面深入了解情况，谈谈心，调动下积极性，另一方面调整训练计划，增强趣味性，接下来的一段时间里，情况开始好转，孩子被老师感动了，逐渐地迟到少了，更加守时了，一直坚持到小学毕业，从一个懵懂的小女孩，变成了优秀的合唱团员，老师当然是非常欣慰的，我们再也没听到那句"老师，对不起，我又迟到了！"

合唱的第一步是发声技巧的掌握，通过进行呼吸训练来练习气息，意大利著名声乐教育家贝基说："会呼吸就会唱歌。"这里的会呼吸是指正确的呼吸方法，可见呼吸的重要性。我们在最初的训练中指导孩子们掌握好缓吸缓呼，缓吸快呼，快吸缓呼，快吸快呼的基本呼吸练习法，老师都要不断地做示范，让每一个孩子都能够直观地看见，不断地进行尝试，老师再来指导，再找出几个相对正确的孩子来示范，运用胸腔、腹腔、膈肌的张缩来控制气息，这种概念也要植入孩子的思维，让他们有足够的想象空间，孩子站立，双腿分开，与肩同宽，双手放在腰围的位置，做深呼吸，口、鼻同时呼吸进气，吸后停留瞬间，再较柔和的"嘶"声有控制地慢慢呼出，这个"慢""有控制"在前期孩子不容易做到，要反复练习方可实现。

初到合唱团的孩子自然发声区较好，但发声位置较低，又缺乏气息的支撑，因而导致真假声融合不自然，唱高音成为难题，在训练中我们还曾出现忽高忽低，时好时坏的孩子。

案例二：不是五音不全，而是接受熏陶的稍晚！

孟子曰："人性之善也，犹水之就下也"，关于人性善恶的观点孟子认为，人趋向于善良，就像水向下走一样的自然。一些人作恶，是因为外部环境迫使的，这个看似不恰当的比喻反过来用在音乐的角度上，我认为每个孩子出生之后，音乐对他的影响达到了一定的程度，孩子的音准、节奏都会趋向好的方向发展，天生的应该只有音色。合唱的协调中音量、音色、音准结合而成，音准则最为关键，据我多年的经验判断，听，对人的音准很有帮助，因此我们加强了听音练耳，让孩子们沉下心来听，觉得自己可以唱准了再唱，如果音准仍旧出现偏差，再停下来听，反复多次，对于音准的提升是有帮助的。有这么一位小队员，是个男孩子，非常喜欢唱歌，很痴迷，但他自己说，同学们和队员们都说他五音不全，其实我们也一直在关注他，刚开始想让他离开社团，但想想又于心不忍，怕打击了孩子的积极性就留下了他，的确他对于整体有一些影响，在老师的鼓励与教授下，他沉下心，不急于去演唱，而是把自己的注意力都放在了听上，甚至整节课，整节课地听，听身边的同学唱，听老师示范唱，就这样，停了很长一段时间，庆幸的是这孩子很听话，能坚持，有毅力，在那之后他慢慢开口跟唱，让同学帮助听音准，让老师给他评价，就这样到了小学毕业时，一个"五音不全"的小男孩已经成为合唱团的主力唱将，真的为他开心！

合唱是多声部的艺术，如何处理好各声部的关系，使整个声部优美协调，这就是"均衡"所要解决的问题，层次分明，比例得当的合唱丰满、谐和、充满美感。合唱作品中每一个声部的音都位于同一个音区音量上的均衡，叫作"自然均衡"，在一首合唱曲中每个声部所唱的音位于不同音区，通过指挥的处理才能得到的均衡，叫作"人为的均衡"。我们尤为关注对和声的训练。各声部的音色要统一，每个声部都把声音靠拢，尽量达到好像同一个人的声音，我们会找出音色相对较美的几位同学示范给其他同学听，多次示范之后同学的脑中留有记忆，当自己演唱时都会尽量去模仿音色，汇集到一起。学生还可以做不同声部的组合相互进行"干扰训练"。单独感受和声之美，有的合唱队员，艺术理解力强，艺术素养及表现力都很好，但声音摇抖很大，这样的队员也许是一个很好的独唱演员，但却不适宜做合唱队员，因为这样的声音很容易突出，而使整个合唱团摇摆不定，不但音准不能保证，音色也不协和。

合唱歌曲的声部训练是合唱教学中最重要的组成部分，它对于声部的均衡、和谐音色的统一起到重要作用，可以采取由简入繁的教学手段和循序渐进的原则，对孩子的能力逐步进行提高。在排练中，我们往往是先拿几首课本上简单的二部和声的小曲目来给孩子们唱，比如《多年以前》这类的曲目，虽然简单，但要想唱好还真不是那么容易，大部分时间我们还是让学生唱谱，保持口腔空间圆润，虽是简谱也是要每个音都归韵，唱谱习惯之后，问题会一点点显现出来，我们称之为"唱油了"，这时就可以直击问题，让学生时刻记得不可以这样唱，逐渐改掉这些问题，从而养成正确的演唱状态。

案例三：多少个声部其实都是"一家人"！

我们在训练两个到三个声部的时候，并没有采取传统的教法，大部分老师认为二声部的歌曲总有一个声部"先入为主"，主旋律往往是学生熟悉的，副旋律就很吃亏，大部分曲目又往往主旋律为高声部，那低声部的孩子就会很"郁闷"，很可能因此而失去信心。解决办法往往就是从低声部旋律学起，所谓先学难的，陌生变熟悉甚至比主旋律更熟悉。这个方法我们也用过，可以说效果不尽如人意。经过我们不断地探索、尝试发现，我们把"两家"变"一家"，所有孩子全都要熟唱甚至熟背两个声部的旋律，孩子们刚来时有些抵触，有些孩子的确能够完成，但有些却不能，这时我们就发挥一帮一小助手的力量，"跟帮带"的作用行之有效，而且能完成的孩子可以带任意一个声部，可以帮唱任意声部，老师也非常容易调整全体的效果。形成一定规模之后，学生自己组团，三三两两地去合起来练习，每个小团队里各声部的孩子都有，互相起到了激励的作用，效果逐渐明显起来。

是实践让我们逐渐成熟，羽翼丰满起来。音乐教育可以培养孩子们健康的审美观念和审美能力，陶冶情操，达到以美育德，以美启智，以美健体的目的。合唱教学是小学音乐教育中的重要环节，也是进行素质教育的重要手段，广泛开展合唱教学是实施中小学音乐的有效途径。通过合唱教学，让学生了解到当今时代和社会的文化导向，增强文化鉴赏能力、拓宽知识面，发展个性，完善人格，造就学生成为新时代的社会主义新人。让"小社团"成为"大家庭"。

爱与成长

深圳市福田区皇岗小学　李文娟

杰杰是一位患有注意力缺陷多动障碍的孩子。他自尊心很强，却又不愿意约束自己。好动和话多让他这几年来稳坐班级"活跃分子"的宝座。杰杰也很苦恼，但在学校资源教室、心理室的干预下，以及父母和老师的帮助下，有了很大的进步。

一、一年级的杰杰

"成功的教育源于高尚的师德，师德之核心为师爱。"与一年级入学的学生相处是一件很叫人头疼的事情，尽管我在这些年的教学工作中，一直从事班主任工作。我想，与低龄的孩子一起成长，最需要的就是付出自己的爱了。

和孩子们相处了一段时间后，我发现班上有个和别的同学不太一样的孩子——杰杰。杰杰完全没有课堂纪律观念、爱以自我为中心，尤其喜欢讲话，坐在座位上一刻也停不下来。

有一天上课，杰杰拿出零食吃，当老师让他收起来时，他却将凳子举起来，想砸向老师。看着这孩子，我很是担忧，性格这么倔强，这么冲动，怎么办呢？当天下午，我就和杰杰妈妈沟通，了解孩子上小一前的表现和在家的表现，对孩子有了比较全面的了解后，就对症下药，这孩子好动、冲动，却喜欢表扬。于是，我将孩子的座位换到老师经常站的讲台旁边，对于他上课的每一次细小的闪光点，都放大性地表扬，并走过去，摸摸他的头说："你真棒，表现这么好！"在课间，我也会叫他的小名杰杰，慢慢地，他会听进去一些老师说的话，不会再像之前那么抗拒。

杰杰虽然任性冲动，话特别多，活泼到一刻都不能安静下来，但他的语言表达和复述能力不错。一次语文公开课，他积极表现，课堂里说得头头是道，让他在年级都小有名气。由于杰杰话多，经常会打扰其他同学，半学期不到，很多孩子家长都认识他了。对于这孩子，我真是又喜又忧。出现这些状况后，赶紧和家长商量。基于他表现欲很强，我让他当队长。当他控制不住自己要动来动去的时候，我就提醒他，你是队长，要做好榜样。下课后，我会每节课关注着他的动向：提醒他去洗手间；提醒他和同学们文明地玩；当他玩得出汗的时候，我会拿纸巾给他将汗擦干。每周都会找时间和杰杰妈妈交流一下孩子的情况。

杰杰的好动让我神经时刻紧绷。有一次放学时段，我却没发现杰杰在旁边，心里一惊，看看教室没有人，赶紧跑去洗手间找，刚走到大厅，却看到这孩子排在整齐的队伍间，我真是又惊又喜，孩子进步了，有时候也会有意识地控制自己了。

通过杰杰的这些转变，我发现孩子虽然年纪小，但只要我们蹲下身来做一个细心的谋士，成为引导孩子学会各种学习技能的陪伴者，就会让每一个孩子感受到老师对他的关怀和爱护，让学生的情感脉搏与教师一起欢腾，让学生感受和谐的欢悦。

苏霍姆林斯基曾经这样比喻："要像对待荷叶上的露珠一样，去呵护学生幼小的心灵。"晶莹透亮的露珠美丽可爱，却又十分脆弱，一不小心，露珠滚落就会破碎。当我们想要批评学生时，请先想到如何保护他幼小的心灵不受伤害。这种呵护是让学生觉得你看到了他的不足，却没有给他难堪，而是给他一个台阶让他下来。

"爱是一种情感的交流，当你把炽热的爱通过一言一行传给孩子时，也会激起孩子对你情感的回报，从而乐于接受你所给予的美好。"孩子的世界有与人交流的独特语码，都说孩子是最公正的老师，谁能与他真正心心交融，他便喜欢谁。只要我们用爱心去营造阳光，让"爱"成为师生关系的润滑剂，师生关系定会和谐无限，教育的百花园中将永远是流光溢彩的春天。

二、三年级的杰杰

经过一二年级的洗礼，进入了三年级，大部分孩子由懵懂无知，变得越来越懂事。杰杰虽然在常规纪律方面有提高，但是还有很大的进步空间。

经过老师们一段时间的观察，发现了杰杰身上的问题：杰杰比之前遵守纪律，作业也能完成一些，但是管不住自己的嘴巴，爱说话的问题日益加重。上课的时候注意力不集中，特别喜欢插嘴，不管老师在不在，都会插嘴讲话，哪怕没人理他也可以一个人自言自语。做作业动作很慢，总是磨磨蹭蹭，质量还不高。班上的学生都不喜欢他，觉得他话多，影响自己学习。同桌换了一波又一波，总是没过一个礼拜，就能收到投诉，同桌不愿意和他坐。

我找杰杰谈话，希望他能遵守课堂纪律，按时完成作业，知错就改，争取进步，做一个人见人爱的好孩子。他口头上答应得很好，可就是"勇于承认错误，坚决不改"，依然是我行我素。有时候，各科老师看着杰杰停不下来的嘴巴，都要到了崩溃的边缘。作为班主任，我一直告诉自己要淡定，但还是常常生气，被杰杰的行为弄得哭笑不得。每次失望时，我想：也许这孩子就是"朽木不可雕"。可是心情平复之后，固执如我，心里偏偏不服气：我不相信对杰杰没有办法。我把心一横：不转化你，誓不罢休。

多次和杰杰家长沟通，效果并不明显。杰杰父母也发现了孩子的问题，但是不知道该怎么去纠正。于是，在杰杰也在场的情况下，我再一次找来了他的父母，大家一起当面和孩子好好谈了一场。

"你想改正错误，做一个讨人喜欢的孩子吗？"

"想的。"

"那要怎么做呢？"

"我要遵守纪律，认真完成作业，管住自己的嘴巴。"

"男子汉一言九鼎啊，你要说话算话，能做到吗？"

"能！"杰杰答应得飞快，我还是忍不住担心。

为了提高杰杰的学习成绩，我特意给他安排了一个学习成绩好、责任心强、乐于助人、耐心细致的女生——小汐。我请小汐督促杰杰学习，耐心地帮助他，使他学习能有所进步。小汐满口答应，充分利用各种时间督促、辅导。刚开始，杰杰还很不情愿，不乐意学，我就又找了他谈话。

"你不是说想学好的吗？"

"是的。"

"那我让小汐帮你为什么不好好学呢？"

"她很麻烦啊，一天到晚盯着我。"

"你有没有想过小汐为什么这么做？她又是为了谁呢？"

"我。"说着他惭愧地低下了头。

我又适时地添了一把火："你的同学为了你放弃了自己休息的时间，放弃了自己玩的时间，而你还要嫌她烦，你觉得应该吗？"

"不应该。"

"学习是你的还是小汐的啊？"

"我自己的。"

"那以后要怎么做？"

"嗯！我会慢慢改的。"他重重地点了点头。

在同学的帮助下，杰杰的学习确实更努力了，纪律也更好了，学习积极性也提高了。后来，有一次我找杰杰谈话时，他说："老师，大家这样关心我，爱护我，帮助我，如果我再不努力，我都觉得不好意思了。"我笑着说："你长大了，懂事了，进步了。我真替你高兴。" 相比其他的方法，对孩子的关注和关爱更能撼动人心。

我用心感受每一天，有过成功的喜悦，也有过步履蹒跚的疲惫，平凡的每一天，经历着同样的辛劳，但我却感到充实而快乐。

三、五年级的杰杰

孩子们入校时的情景还历历在目，一眨眼间，就五年级了。五年级的孩子心理生理有了很大的变化，杰杰也一样。他的个头都要赶上我了，令人惊喜的是杰杰在学习和行为习惯上有了更多的自我内驱力。

杰杰父母也完全改变了之前不愿承认的态度，现在已经非常积极地配合医生的治疗和学校的教育。杰杰爸爸说："对于杰杰的情况，我们伤心了几年，伤心过后我们想明白了，只有积极面对，孩子的情况才会越来越好。我们主动阅读了医生建议的《分心不是我的错》《分心的孩子这样教》《分心也有好人生》等书籍。从书里了解了导致孩子这种状况的原因，在生活中和家人自我开导，也积极改变对待孩子的态度和教育孩子的方法，在家尽量减少暴力行为，对待孩子也花费了更多的耐心……"

正是杰杰父母这种积极的态度，也感染了杰杰，我想杰杰这种自我内驱力让他看到了更好的自己。

杰杰自身好动的原因，他在运动方面优于班上的很多同学。刚好这种积极参与运动，也能培养他的专注力。在体育课上，大家发现了杰杰身上一个闪亮的发光点——他的短跑很厉害。我抓住杰杰这个优点在班级里大肆表扬，他的存在感和价值感得到了满足，于是对待短跑越来越认真。于是这几届的校运会上，杰杰总是班级短跑队的主要力量。虽然一到赛前，杰杰就很紧张，严重时紧张到四肢无力、想吐，但是同学们会一直安慰他、鼓励他，给他勇于挑战的勇气。杰杰也不负众望，拿了好几次金牌。我想，这些金牌对于杰杰来说，不仅是他努力的收获，更是他自信的源泉。他看到了自己的努力，也看到了同学们对他的鼓励和宽容。也正是因为杰杰在体育运动方面越来越好的表现，他在四年级时加入了学校的田径队，有机会代表学校出去参赛，为学校争光，这也让杰杰的自信心越来越强。

作为班主任，我每周都会对杰杰的情况进行总结，并和杰杰父亲做好沟通，各科老师也一直都积极地和杰杰父母沟通。现在这种沟通的效果终于取得了成效，进入五年级，科任老师们也明显地觉察到杰杰的成绩比之前进步了很多。虽然杰杰在完成作业时仍然喜欢讨价还价，但他会用认真的态度去完成学习任务。

学校根据杰杰的情况和心理状态，也安排了资源教室的课程和心理课程。尤其是心理课程给杰杰带来了很大的帮助。杰杰的紧张、畏难情绪都有了一定程度的缓解。

目前，杰杰的话还是很多，很多时候也不愿约束自己，喜欢放飞自我，但孩子的教育是长期的事情，路漫漫其修远兮，在杰杰的成长之路上，我会一直关爱他、帮助他，希望他在未来之路上越走越宽。

关注与转变

深圳市福田区皇岗小学　李文娟

　　早晨第一缕阳光穿过云层，我已来到教室，等待孩子们的到来。周而复始，这些年来，付出着、收获着。平凡的岗位，平凡的日子，有心酸、有难过，但更多的是感动和欢笑。自我的成长，孩子们的成长交织成了一首歌。

　　我们班转来一个叫凯凯的同学。因为他的姓很特别，所以老师们都印象深刻。凯凯姓"牛"，这个姓在生活中确实不怎么常见，老师们希望这是个无论在学习上，还是在生活上都是个优秀的、"牛气冲天"的孩子。

　　但是事与愿违，一段时间后，经过老师们一段时间的观察，得出了结论：凯凯这孩子除了名字牛气，其他方面都让人不忍直视。由于之前在老家处于留守状态，老人也不怎么管，凯凯的学习基础特别弱，学习习惯不好，行为习惯更让人恼火。毫无疑问，凯凯成了我们班最让人头疼的孩子。不管是语文还是数学、英语，他的成绩一直稳定地保持全班最低分数。老师讲课时，他打开饮料瓶子喝饮料。大家做作业时，他拿出小零食吃。老师不在时还吹口哨，坐姿歪歪扭扭，说话随随便便，行动无拘无束。由于他表现不好，成绩也不好，又有点外地口音，同学们一般都不理睬他，有的还取笑于他，各种原因让他完全没有了自信，但凯凯也是破罐子破摔无所谓。

看着凯凯这种状况，作为班主任，我非常焦急。主动找凯凯的父母了解情况，原来凯凯有多动的倾向。来深圳之前在广西老家跟着姑姑，父母一直在深圳工作。姑姑自己也有几个孩子，所以根本没时间管教，凯凯完全处于自由生长的状况，自由散漫惯了。虽然凯凯现在跟着父母，但是父母双方都只有小学文化水平，又都上班，平时也疏于管教，所以凯凯的生活学习仍然基本靠他自己。凯凯父母面对老师的建议也表示心有余而力不足。在与凯凯的谈话中，我知道了他平时放学自己回家，也没有人辅导作业。回家后自己找点吃的、玩玩电脑游戏等父母下班。对于自己的学习成绩不好，他虽然不好意思，但也觉得无能为力。与凯凯的交流，我感受到了孩子心里还是想进步，但是他很迷茫。

从这样的家庭环境来看，学校的教育力量才能成为改变孩子的主要力量。

班会课上，我给孩子们看有关同学互助的视频，传达着班级是一个整体的精神。告诉所有的孩子们，每一个同学都是班级的一员，不管他来自哪里，都要团结互助，都要和睦相处，不能让一个同学掉队。班干部们成为很好的宣传者与执行者。慢慢地，有同学主动接近凯凯，与他聊天，与他共处，而且会主动帮助他。时间一长，凯凯也终于感受到了大家真情实意的热情。在同学们的笑脸、班集体的温暖面前，凯凯在上课想吃零食时，在想随手丢垃圾时……会悄悄放弃自己的坏念头。不管同学们还是老师们，都明显地感觉到他的行为习惯好了很多。

凯凯的爆发力不错，这学期加入了学校的羽毛球队。抓住这个机会，我又在他身上采取了寻找闪光点的教育。我定期和羽毛球队林老师沟通，针对凯凯的情况和林老师探讨该怎么教育这个孩子。林老师也非常用心，在课上让凯凯带运动热身，并经常肯定孩子的进步。羽毛球给凯凯的自信也慢慢延伸到他对学习的自信。经过差不多一学年的扭转，凯凯书写变工整了，虽然学习成绩还是不理想，但是对待学习的态度有了进步。凯凯的父母，也从孩子的变化感受到了老师们的用心，对待老师的建议不再置之不理，开始主动地与老师联系。看着凯凯家长和孩子的转变，我默默地在心里舒了一口气：爱是最好的陪伴。

"越努力，越幸运。"在今后的班主任工作中，我将继续努力，在爱的教育中让自己越走越远。

越来越好的小星

深圳市福田区皇岗小学　李文娟

小星，患有认知发展障碍。他是一个性格安静的孩子，不爱说话，也不爱和同学们一起打闹，他总是安静地坐在自己的座位上，沉浸在自己的世界里。

一、父母眼中的小星

（一）学习方面

1. 小星家庭作业不能自主有效完成

四年级之前找了补习班老师协助小星完成作业以及辅导所学功课，但是效果十分糟糕，而且小星有厌烦状况，经和孩子协商停止了课外补习。和补习班老师交流得知孩子当时或多或少都能掌握相关知识，可是次日便出现一问三不知的情况了。从四年级起，小星就在家自主完成家庭作业了，因为和弟弟形成了鲜明对比，从而让家长没有更好地管理好自己的情绪。一次次的作业辅导便造成一回回的捶胸顿足，家长深知不应该大声吼他、说他甚至将他和其他孩子做比较，但是在情绪激动时控制不住。事后也多次和孩子详聊关于学习的问题，小星也很坦诚地告诉父母，自己也是很想学好，可是怎么努力都不能。

2. 小星学习态度比较好

在学习上，即使小星不懂哪怕是质量完成得很差，他都能做到回家就主动去做作业。经常为了不去影响亲子关系，家长也只能无奈地让他独自去完成了。如果被抽查到质量太差的家长会让他重做的。

3. 睡前习惯

睡前小星会自己找喜欢的书看或者找自己喜欢的事做，几乎都是催促提醒他睡觉。小星爸爸说："常常我也只能渴望或许他这颗学习的种子需要漫长的过程才会开花结果吧！"

（二）生活方面

小星自理能力一般，能主动或者被动地帮着家里做一些力所能及的事情。能体现尊老爱幼的行为原则。小星喜欢做自己感兴趣的事，且热爱程度高于常人，如积木玩具、乐高及有科技含量的东西，都会主动去探索发现。家长也多次提醒他把这种专注能力转移到学习中去，但是都以失败告终。

（三）其他方面

小星在家不喜欢运动，有时在家可以不出门的那种。经协商小星父母从5月起已经执行了每晚3至5公里慢跑计划，并已经实行10天了，家长相信他可以做到并坚持下去，希望能通过简单运动帮助他找回丢失的信心。周末家长会鼓励他独自去书城、少年宫、会展等一些公益性的场地，扩充他的见识。节假日家长也会带着孩子们去短途的登山游玩，让小星找到脱缰的愉快！

小星的表达能力比较弱，父母偶尔会让他教小弟弟读绘本故事（这就得看他心情了）。因为弟弟们喜欢运动，自然多数时日他们没有着共同爱好，容易产生分歧，但他也能让着弟弟，哪怕是吃点亏也是常事，但是小星还是愿意和弟弟们在一起。在家期间，小星情绪稳定，思想健康，基本能按照家长的实时指令完成。

二、老师眼中的小星

小星在学校里特别安静。还记得初来班级时，小星总是睁着一双大眼睛，不管老师说什么，他总是很无辜地望着你，也不开口说话。课堂里，大部分情况下，小星处于安静的状态，但有时候也会很狂躁。小星狂躁起来会把课桌反复地前后摇动，直到老师多次提醒才会停止下来。

小星的学习基础很弱，在课堂上，老师前一分钟讲的知识，小星转眼就忘了。课堂作业也需要手把手地教。在学校里，老师精心安排了一些细心、耐心的孩子给小星当同桌，这样，在小星遇到困难时，身边有人愿意伸出援助之手。这样一来，小星在学习上也不会觉得那么无助。通过一段时间的学习，虽然小星的学习成绩没有上来，但是小星的学习态度越来越好。每次老师都会抓住小星细微的进步在班级里大肆表扬，小星的自信心也是这样一点一滴积累了起来。而且，大家发现小星慢慢爱上了阅读，对待自己喜欢的事情也更加专注了，于是越来越多的同学愿意和小星做朋友。

小星在乐高、科学小制作等动手能力方面很有创造力。这几年来，他在学校科技节的科学小制作中总是能获得名次，也有好几次出去参加了机器人比赛，这些成绩都让同学们无比羡慕。我想小星的自信心，应该有科技小制作的很大功劳。

现在的小星，学习上成绩仍然不理想，但他为人正直、品行端正、心地善良，是一个不折不扣的好孩子。我相信小星在自己的努力下，一定会让自己越来越好。

三、小星父母的信任

说到小星父母，他们在开学报到时就已经让我印象无比深刻。别的孩子和家长见到新老师，都热情积极地交流，而小星父母带着小星一言不发，低调得不像新生。

小星是插班生，二年级上学期才到我们班上来。还记得新生报到那一天，小星牵着妈妈的手走进教室，小星爸爸跟在后边。进了门，小星爸爸妈妈说了声老师好，后面就没有再吭声。同时教室里还有其他的插班同学，小星父母只是默默地听我说着新生注意事项，也没有发问，其他新生家长则是问这问那。小星父母的沉默引起了我的注意。于是我主动找他们聊孩子的情况："孩子之前在哪所学校啊？""孩子的成绩怎么样？""孩子上学期期末考试考了多少分啊？"除了回答我小星之前在哪所学校上学，其他的问题他们直接忽略。于是我又找话题："你们是什么职业？平时陪孩子的时间多吗？"小星妈妈说："我们没有工作。"小星爸爸说："我们上班。"两个人几乎异口同声，但是答案截然不同。听着他们俩的回答，我知道，小星父母明显地对我这位新老师不太信任。

为了缓解尴尬的气氛，我和小星交流："你暑假去哪里玩了吗？"小星也只是默默地看了我一眼，便低下了头，小星的反应非常不自信。面对这种状况，我在心里猜想着：他们很排斥老师吗？是不是小星的成绩不太好？或者是其他什么原因，小星父母不愿意老师知晓？面对小星父母和孩子的沉默，我当场也没有再和小星父母交流太多，心里想着来日方长，慢慢地他们一定会感受到新老师新学校的好。

开学前几周，我基本上隔两天就会通过QQ和小星父母交流小星的在校情况，小星父母除了回复"谢谢，收到了"或者"老师辛苦了"便没有其他什么再说的。第五周，在我一次反馈小星的在校情况后，终于收到了小星妈妈不同于以往公文式的回复。小星妈妈说："李老师，很感谢你经常和我们联系，你比小星以前的老师负责很多。"看了小星妈妈的回复，我知道，小星妈妈已经对我这位新班主任有了好感。

　　小星是个很听话的孩子，胆小不自信，学习成绩不好，但是很有礼貌，在学校里从来不和同学争执脸红，但是他的话也特别少，老师提问也不回答。尽管这样，我总是想办法鼓励小星，发掘他的闪光点，慢慢地帮他建立自信。经过差不多半学期的观察，我发现了这个孩子和别的孩子的一些不同之处，约谈了小星父母。

　　这是我和小星父母的第二次见面。这次小星父母在走廊里大老远就和我打招呼，比第一次见面的状况好多了。通过这次面谈，我知道了小星的一些真实状况。小星妈妈说："李老师，其实第一次见面时你问成绩，我不是没有听见，只是小星的成绩真的很不好，考过个位数。在以前的学校，同学们经常嘲笑他，我怕说出来，你也不喜欢他。""小星某些方面的发育确实还赶不上同龄的孩子，我们自己也知道，但是不想说是怕孩子有心理负担，也怕他被歧视，小星其实患有注意力缺陷多动障碍。"小星妈妈说得有点激动又有点愧疚。"相处了几周，我们知道你是一个很有责任心的老师，我们相信你，所以把小星的特殊情况都告诉你。"

　　和小星父母聊了两个多小时，小星父母总算把孩子的真实情况详细地告知了我，当然其中更多的是他们对小星在新学校的小学生活的期待。自从第二次面谈后，小星父母经常会主动地找我聊小星的学习和生活，也经常会让我给出一些教育孩子的建议。老师的力量和父母的力量拧成了一股绳，孩子的成长自然得到了更好的发展。小星慢慢地开朗起来，学习成绩也有了进步，最重要的是，在这个集体里，没有同学会去嘲笑他；大家还会经常给予小星很多的帮助，小星回家说自己在这个班集体里过得很快乐。

　　现在小星已经在我们的大集体里愉快地度过了两年，小星父母非常支持老师的工作，他们不仅经常会和老师分享教育中遇到的困难，也会分享一些孩子成功的喜悦。我心里很感慨：信任太重要了！

和家长相处的过程，其实同样是自我成长的过程。当老师真心地站在孩子和家长的角度换位思考，家长肯定也能感受到这份真心。

　　在小小的教室里，在美丽如画的校园里，没有惊天动地的奇迹，没有惊涛骇浪的传奇，我相信——我的滴滴汗水能够给这份平凡的事业带来一抹鲜亮的色彩。

当下就是未来

深圳市福田区皇岗小学　邢　瑶

明天和意外你永远不知道哪个先来。这是最近小林同学带给我深有体会的一句话。

英语课上，我正在用投影仪讲解习题。突然，小林走到讲台上，把他的两本知能训练交给我，我对于他莫名其妙的举动吓了一跳，就脱口而出："小林，你先回到座位。"小林支支吾吾，并不想离开，直勾勾地盯着我投影上的那本练习册，然后想了一会儿，唯唯诺诺地离开了。本以为意外的小插曲结束了，没想到却仍在慢慢发酵。随着铃声的敲响，我还有一小道题没有讲完，要耽误大概一分钟的时间，我便决定拖堂一小会儿。没想到，这引起了小林的极大不满，他马上离开座位，举起手，挥动着他的电话手表，用尽一切手段要引起我的注意。对于他的行为，我和其他同学早已见怪不怪，便自动忽略。讲完题下课后，我慢条斯理地在投影仪旁整理着课堂用具，这时，感觉到有人在猛地拍我的后背并焦急地喊着"老师，老师"。我心中窃喜，皇天不负有心人，在我锲而不舍的鼓励下，难道终于有学生要"不耻下问"了吗？正准备转过头去表扬他，结果却大相径庭，一群学生焦急到语无伦次地对我说小林刚刚愤怒地用手指指着我，还用手指横着划过脖子，摆出"I want to kill you"的肢体动作。这一重磅消息让我的心仿佛受到了撞击一般，来不及多想，我急忙望向小林，想印证他们说的到底是真是假，多么希望这只是孩子们跟我开的一个玩笑啊。可是，事与愿违，只见他手中还紧紧地攥着一支中性笔，走近一看，这支笔没有笔芯，只剩下笔壳，尾部被他咬得破烂不堪，而且又带着一丝锋利。小林此时也开始在讲台上暴走，拿出要砍人的架势来。我失望、惊讶、诧异到不知所措，以免他误伤无辜，我只好半拖半拽，把他拉到办公室，让他来找林老师帮助他平复一下心情。来到办公室的他像一个做错事的孩子，皱紧眉头，额头微低，眼神飘忽，唯唯诺诺地跟在我的身后。随后，我也把这件事情的始末原原本本地告诉了他的班主任林老师，随之而来，整个办公室的老师也知道了这件事情。为了安抚小林，林老师立刻联系了资源教室的肖老师，肖老师立刻从一楼满头大汗地跑来了四楼。见到这一幕，他立刻让小林大口呼吸，让他用双手抓住衣角等方式平静下来，并握着他的手把他带到资源教室。

望着小林离去的背影，我的心情久久不能平静，似乎万念俱灰，又有一丝恐惧，暗自感慨着这个还没长大的孩子给我带来的这份"高危工作"。又有一丝自责与疑惑，不断在思考他今天情绪崩溃的原因到底在哪里。办公室的老师们怕我被吓到，也纷纷暖心地来到我的身边安慰我。过了一会儿，肖老师再次上楼把他从小林那里打探出的"情报"告诉我。原来，在刚开始上课时，我没有收他练习册的事情让他感受到了拒绝，他心里就埋下了愤恨的种子，这一节课都处在委屈和随时爆发的状态下。然后，我课上严厉地批评了一些没有写作业的同学，他误以为自己也在其列。而后，令他更不能容忍的就是我拖堂的行为，哪怕是一秒钟都不行。这些原因使我目瞪口呆，但确实使我理解了小林的行为并也马上和肖老师进行了解释。首先，我并没有单独不收他一个人的作业，而是我当时并没有下达交作业这个指令，他的行为令我莫名其妙。我一时也没有多想，就让他先回到座位。拖堂的的确确是我的错，但也仅仅拖了一小会儿。肖老师也解释道最近炎热的天气使这些特殊的孩子们很焦躁，很难再克制自己的脾气。而高敏感的他们在焦躁的环境下有时分不清楚事情的原委，所以我能做的就是不要再违背他的心意。我充分理解并接受了这个中肯的建议，如果以后他要把作业拿来交给我，我直接收下就好了。在中午午读时，我路过（5）班，林老师叫住了我，说她又单独向小林询问了当时的情况，解释说当时的小林可能有些神经错乱了，他也向林老师坦白说对我摆出那个姿势是从电视剧里学来的，是想要"复仇"。随后，林老师温柔地把小林叫到班级门口，对他说："你要跟邢老师说什么，你自己对邢老师说吧。"他眼神直勾勾地盯着地板，手紧紧地抓住门框，十分不安。在林老师的不断鼓励下，他才不带停顿地快速说出："对不起老师。"我轻轻地摸摸他的脸，跟他说："好的，没事了，下次不可以这样了哦。"小林也立刻绽放出他招牌的天真的笑容，蹦蹦跳跳地回了班级。

　　无人不担心着小林的未来。即使现在有关爱他的老师们和善良的同学们，但是谁也不能保证他能一直这样被爱包围。今后他该何去何从，该以什么样的方式回归社会。我也经常和各种各样的朋友们讨论着这个困扰我良多的问题。

　　一个偶然的机会，在学校的读书分享活动中，班主任林老师分享了一本关于特殊孩子的书——《看风的孩子，谢谢你成全了我》。里面的小主人公火娃也是一个自闭症的孩子，他的妈妈戈娅有着光鲜靓丽的外表，和令人羡慕的主编工作，加上完美的老公和从小记忆力惊人，语言丰富，他人眼中的神童儿子——火娃，这一切都使她加冕了"女神"的称号。可是，火娃在2岁时发生了停滞，被医院正式诊断为"自闭症谱系障碍"，巨大的心理落差使戈娅霎时崩溃，那些曾经照耀她的星辰全部陨落。她也曾试图逃避，把儿子送到寄宿学校，不闻不问，把儿子藏进"井里"。但儿子不断恶化的情况最终还是让戈娅选择了打开"井盖"，面对洪水猛兽。她没有接受丈夫的建议，生二胎，重新开始。这也使戈娅选择离婚，独自一人带着火娃来到苍山脚下生活。在民风淳朴的白族村落，在点点滴滴的生活中，戈娅发现儿子的状况并不像自己想象得那么糟：他拥有完美的平衡能力和视觉判断力。他可以每天专注地泡在溪水里玩几个小时，赤着脚从一块石头跳到另一块石头上，且永远不会滑倒。他可以在巨大的阳台上奔跑和看云。与此同时，戈娅在陪伴儿子的过程中也享受着不被凡尘喧嚣打扰的快乐。当然，戈娅在书中反复强调，大理并不是世人以为的适宜带着小孩隐居，从此不见陌生人的城市，而是一个真实的充满人间烟火的世界。

对一个家庭来说，孩子患了自闭症，那近乎是一种灾难。而戈娅却说自己很幸运，正是儿子的病，让她从一个"埋头赶路"的人变成了"山中看云"的人。"在井盖上跳舞，不如打开井盖看看真相。"和小林的妈妈和爸爸一样，戈娅也打过火娃，她也曾抱怨过上天的不公，对火娃生出或浓或淡的恨意，不断问自己：他为什么要折磨我？我为什么要生下他？然而最终她还是和自己和解，和世界和解了。

当然，并不是所有人都能拥有这份洒脱和透彻，也并不是所有人能做到这样的全身心投入付出。火娃何其幸运，拥有一位诗意的、有魄力的和经济条件优渥的母亲，可以不为生计担忧，抛弃一切，义无反顾地带着火娃来到一个新地方生活。但大多数的平凡人几乎每天要为了生计东奔西走，忙忙碌碌，几乎没有时间再去照顾这样一个特殊的孩子了。现实世界需要带着一分诗意和两分清醒，为了让他们长大在无人可依时也可以自己照顾自己，我们现在要做的是平等地对待他们，要对他有信心。也要让他对自己有信心。不会系鞋带，先不要让同学帮他，可以先示范方法，让他自己学着做，系错了再让他重新系，慢慢琢磨。他发脾气了不要立刻去哄，先让他去释放、去发泄，无论吼多大声都可以，让他自己慢慢消化，让他想想老师们教他的方法，想办法通过自己的力量平静下来。要让他知道，这样子发脾气是解决不了任何问题的，有问题发生要自己想出解决的办法。

在火娃刚刚学习野生轮滑的时候，戈娅担心他会受伤，担心他做一些无用功，曾请过一位老师教他各种技巧。可是火娃表示极大的抗拒，那位老师也表现出对火娃这种病史的孩子的恐惧。像患有这种病的其他孩子一样，他们的高度敏锐能够立刻感知到这一点，火娃更抗拒，甚至不愿意再碰轮滑。她的妈妈也明白了一个道理：看起来为他好的事情，说不定恰恰在抹杀他的兴趣。而后，当戈娅完全不介入，只是让他充分地理解和享受这个过程时，他也自然而然地学会像飞鸟一样潇洒地滑行了。所以，当火娃想要用筷子戳进玉米里，想要自己上天台面时，他爸爸的制止并要帮他的提议立刻被戈娅拒绝。

正如戈娅所言，孩子的自卑就是在这日复一日的过度担忧、过度照顾、过度保护中形成的。我们要知道：多余的担心如同诅咒，会一点一点击垮孩子。

当下就是未来，小林的成长，需要我们周围人极大的耐心和信任，相信他可以做好。也希望社会各界人士能够多一分接纳和包容之心，与专业学校和心理机构携手了解和帮助这些孩子，让他们每一个人找到那份属于自己的荣耀。

家有小林初长成

深圳市福田区皇岗小学　邢　瑶

我们的故事，不知道该从何说起。

小林是个特别的孩子，在我还未入职，一切还未尘埃落定之时，一个偶然的机会，在作为实习老师第一次随班听课的时候，我就认识了这个特别的孩子。那是一节英语公开课，小陈老师的课活泼生动，妙趣横生。在小组合作中的孩子们积极讨论，兴味盎然。这时班级中突然发生一阵躁动，像是类似小怪兽发脾气的"哼哼啊啊"的声音出现。我望过去，只见一个小男孩儿正双手抓着教室窗上的栏杆张牙舞爪地疯狂摇晃。我大吃一惊，百思不得其解。只见这时一位年轻可爱的女孩子（后来得知竟然是他的班主任林老师）从后面的听课席中神色凝重地匆匆赶到他的身边，不断地轻轻地拂着他的后背，安抚着他，让他平静下来，坐在了位子上，一直陪着他到下课。在还剩不到5分钟的时间里，课程的精彩仿佛与我无关。我的思绪仍然无法从中抽离，一直关注着这个满脸通红，双拳紧攥，马上要爆发的小男孩，我们近在咫尺，却远在天涯。

也许是命运使然，在正式入职的第一天，我被分到了二年级的（5）班和三年级的（4）班和（5）班。我发现那个走到他旁边安慰他的女孩子正是他的班主任林老师，而我恰恰是这个班的英语老师。欣喜的是，林老师的办公位就在我的旁边，这让我能随时随地和他沟通班级里孩子的状况，随时做出调整。随着和林老师以及其他任课老师的交流，我心里的疑团渐渐解开，这个有着明媚天使般笑容的孩子叫小林，他从小患有阿斯伯格综合征，表征明显，但却是在入学后，在他的各位老师和同班同学发现小林的严重情况，并不断劝说父母带孩子去检查后，才被确诊出来。通过查阅相关资料，我逐渐了解到阿斯伯格综合征（asperger syndrome）属于孤独症谱系障碍的一种，具有孤独症的典型表现，即一类人的社会交往与沟通能力低下，孤独少友，兴趣狭窄，动作和行为刻板等。——百度百科。作为一个还处在"求生阶段"的新教师，我是否有能力成为他的老师？面对不定时的"发飙"，我又该怎样处理呢？无数未知令我有一丝惶惶不安，带来了无形的压力。

老师讲课时，他极度沉浸在自己的世界，无论讲的内容有多精彩也无法打扰到他。特别是在英语课上，同学们经常会以同伴或小组为单位，通过小组竞赛、角色扮演等形式进行活动。通过上课观察，我发现在同伴或小组合作时，小林不愿意和其他同学交流，即使同伴主动走到他的座位温柔地拉着他的手，想让他参与进来，他也并不领情，大力甩开别人的手，继续干自己的事情，相信他的"大力甩甩拳"很多同学都已经领教过了，一些很想帮助他的同学也因畏惧而望而却步。他很想把自己装进袋子里，封闭起来。

但课下的小林，又是另外一副模样，他格外的活泼，最喜欢的小天地就是老师的办公室。他会嘻嘻地笑着，露出8颗牙齿，像个树懒一样，趴在门口、窗边，在办公室任何一个角落，都可以看到他的身影。他喜欢帮老师干活。他喜欢来抱作业，虽然经常送错班，但我们为了让他开心，仍然愿意把这项光荣的使命交给他。他喜欢帮老师唤同学来办公室，虽然经常答应后就直接在办公室门口无意义地大喊："某某某，老师叫你过来！"结果可想而知，远在千里之外的孩子肯定是听不见的，老师还要自己再去叫一次。在走廊里，他经常愿意拿自己的电话手表和路过的老师拍照，展现出他灿烂的笑容……

就这样，时间在岁月的长河中慢慢流淌着。岁月流逝所带来的改变是每个人都无可抵抗的。只是，这样的变化，或多或少，或好或劣。转眼间，我们升入四年级了，小林也长高了许多，强壮了许多，但他的偏执劲儿却好似更胜从前，作为老师的我们对小林的担忧也是如影随形。

随着课后延时服务如火如荼地举行，学生们都尽情享受着各式各样特色课程带来的美好体验，而小林同学却与众不同，发脾气的次数明显激增。一次大课间结束，当小林在走廊上瞥到一些不参加课后延时的同学脖子上挂着通行证的牌子下楼梯放学的那一刻，他仿佛灵魂出窍，站在原地一动不动，眼睛就那样直勾勾地盯着，仿佛那一张张的通行证对他施了魔法。恰巧我经过走廊看到了这一幕，赶紧奔赴到他的身边，摸着他的头安抚他，不停地问他想让他醒转回来："一会儿你上什么课啊？好有趣啊，老师和同学们都在等着你呢！快去吧。"在回到班级的路上，他仍然一步三回头地望向楼梯，嘴里还在不断支支吾吾地嘟囔着："老师，他们干什么去啊？""老师，他们怎么走了？""老师，我……我……。"其实我心里明白，他一直想说而不敢说出的话是"老师，我也想走"。我也只能不断安慰他说："很快就能结束回家了。"

为何小林不敢说出内心的真实想法呢？通过和林老师的沟通，我得知，在小林的妈妈拿到医院明确的诊断证明时，内心是十分崩溃的，并不愿意承认小林是一个特别的孩子，仍然抱有幻想小林和正常人一样，以后能够考上大学，能够自己照顾自己。所以她对小林的要求十分严格，经常逼迫他做一些他不愿意做也没有能力做的事情。每每小林达不到要求时，他的妈妈就会颇为严厉地批评他，甚至在他屡教不改后拿尺子打他。在得

知这样的情况后，林老师多次找到小林妈妈，诚恳地和她谈心，虽说有了一些效果，但小林妈妈有时仍会"心血来潮"。所以小林的作业即使不会做，他也会照着答案全部抄上去。每次班级课堂检测时，都能看到他"忙碌"的身影，一个不注意，前后左右同学的卷子都会被他抄个精光。可怜天下父母心，父母爱之深，责之切，我又怎敢不去理解和体谅。

这就不得不提到1988年张以庆导演的一部纪录片——《舟舟的世界》。记录了一个叫舟舟的患有唐氏综合征，智商永远在四五岁的"天才指挥家"，曾经多次和明星同台，在世界级的交响乐团中压轴出场，甚至被国家领导人接见。蕴藏在这光环背后的是什么呢？可能出乎很多人的意料，2020年5月，舟舟爸胡厚培接受采访时，曾十分明确地表示："舟舟就不是一个指挥家，他无法训练乐队，一个指挥家所应有的那种素质和造诣，他都不可能达到。"其实早在20年前，舟舟爸胡厚培就已经努力说出事实，只不过在当时主流媒体一边倒的关于"天才指挥家"的舆论狂澜当中，这声音被淹没了。

像天下所有的父母一样，父亲胡厚培从舟舟出生得知他的病情那一刻开始就一直忧心忡忡，总有一天自己要先走的，如果有一天自己离开了舟舟，他该怎么活下去？幸运的是，在舟舟6岁的时候，爸爸乐团的乐手问："舟舟，你想不想当指挥？"舟舟马上回了句："想！来一首《卡门》。"乐团的人善意地笑出了声，陪玩似的邀请舟舟指挥，接着非常赏脸地演奏了起来。就这样，一演就演到了世界交响乐大厅。

纪录片里曾有一句感人肺腑的旁白："演出很精彩，尽管和舟舟的努力没有很大关系，但人一辈子不能无人喝彩。"可惜，这样的喝彩，来得迅猛又狂热，如同他们退却的速度，始终清醒而坚持地爱着舟舟的人，似乎只有他的父亲。"谢谢大家陪舟舟玩。"父亲一直这样感恩。

有心人，天不负。在这样漫长的时光中，舟舟能有这样的机遇，能有这样一位爱他的伟大的父亲，和一群有持久善意的陌生人，他何其幸运。

而我们的小林同学呢？其实他也是足够幸运的，他遇到了一群善良可爱的（5）班的小天使们。他们之间的动人故事每天都在感动着我。

大课间孩子们需要在操场上跑步时，小林每次的脸都红彤彤的，举步维艰地跟在班级的末尾双手扑扇着。当他马上坚持不住的时候，旁边的体育委员就会不停地鼓励他："加油，再坚持一下！"小林也会像是绿巨人变身一样大吼一声："啊！"然后再紧紧跟上大家的脚步。在跑操后，小林的鞋带经常散开，他绑得慢悠悠的，会耽误接下来的拉伸活动，在他身后的小华同学便马上走上前去蹲下来帮他系好。课间休息时，小林非常喜欢堵在厕所门口，用身体摆出"大"字形，不让任何人进出，这时（5）班的孩子们就会集体出动，用身体裹挟着小林回班。还有一次是听同学的转述，在放学回家的路上，不知道什么原因，小林情绪十分低落，还和另一位不认识的同学当街打架，（5）班的小福同学立刻挺身而出，和那位同学说明原因并代表小林道歉。之后，还护送着情绪不稳定的小林一路回家。

暖心的场景每天都在（5）班上演，孩子们用满腔的热和沉甸甸的爱包裹着小林，也希望无论何时何地，他都能在爱的包裹里一直走下去。

为你守护那片晴空

深圳市福田区皇岗小学　罗　曦

2015年，我担任一年级班主任。开学不久，与众不同的小庆就令我焦头烂额。他会莫名地在课堂上走神、发呆；他会用水彩笔在课桌上胡乱涂鸦，他发怒时，会用双拳对着墙壁猛捶……最令我束手无策的是，任何时间、任何场合的交谈中，他永远是一副双眼茫然的模样。

接下来，在和家长的沟通中，我才了解到小庆异常于其他孩子。我建议家长带孩子去儿童医院就诊，后来送来的病历上写着：精神发育迟滞，疑似孤独症谱系障碍。医生给出的治疗方案是：①长期接受特殊教育训练。②多与孩子做互动类游戏，提高社交技巧和生活能力。③定期复查，评估学生能力，及时调整治疗方案。从小庆父亲眼里，我看到了那种无语言表的无奈。我告诉自己，一定要尽自己所能来帮助孩子，哪怕只有一点点希望。

这是我第一次接触到特殊学生，一开始，我手足无措，感觉自己所做的一切都显得事倍功半。半个学期过去了，小庆依然是班级里最突出的那个。不管是课堂上还是课间，属于他的永远是自己的座位那一方寸土地。

当和他交谈时，他永远不敢直视你，从来也没有语言回应，有的只是点头和摇头。看着孩子，我一筹莫展，心里想：想帮助孩子首先得帮助自己才行。于是，我开始找遍了各大书店，将和"孤独症"相关的书籍一本本搬回家，甚至借助多方关系走访了医学、心理学的专业人士。最后得出：融合教育强调孩子在最小限制的环境中，给予孩子最大的支持，便于孩子参与性与独立性的提高。我们所强调的独立性与参与性，就是孩子的自主性，活动的积极性。对于孤独症孩子的融合教育，还需要教师引领下的同伴支持。于是，我决定先从跳绳开始。得到小庆爸爸的支持后，我为他设计了各种形式的跳绳，有比赛跳、小组跳、集体跳、师生跳……小庆一开始是抗拒不参加的，我请了小庆爸爸参与我们的课余跳绳活动，我也和孩子们一起跳。渐渐地，我发现我陪他跳绳时，他会很开心，很主动。半个学期结束了，令人开心的是，小庆发生了变化：他能简单和我对话了，偶尔也会看我几眼。虽然班级的活动他还是不太主动参加，但是在劝说后、陪伴下，他还是能参加。看着他的变化，真令人欣慰。

通过观察，我还发现，小庆特别喜欢画画，尤其是喜欢画马路和汽车。于是，我买来画本、彩笔和一套汽车模型作为六一儿童节的礼物送给他。当孩子双手接过礼物时，我分明看到他眼里闪烁着快乐的光芒。我经常在班会课上，有意无意地诚心夸赞，当看到他在画画时，我会给予鼓励。没过多久，他来到我办公室，拿着一幅水彩画，支支吾吾地说："罗、罗老师，这是送、送给你的，我画的……"这一幕，让我真心觉得自己的付出没有白费。渐渐地，小庆课堂上会坐得笔直认真听课；家庭作业书写工整；更重要的是，下课后能会主动告诉我他的小故事。小庆的这些变化，真让人喜在心头。

小庆的故事，是我第一个融合教育的案例。孤独症学生在教育中需要的教学环境和应用的教学手段都与传统教育有所区别。融合教育是在普通教育环境中应用特殊教育手段，在帮助孤独症儿童康复中有重要的作用。

在和小庆相处的六年时间中，既有令我感动的温暖瞬间，也有惊心动魄的课堂突发事故。这一路走来，我也收获了不少，且行且思，也有很多值得思考。

一、诚心接纳 了解情况

首先要调整好心态，面对随班就读的自闭症儿童，要以诚心来对待，不能对这类儿童有任何的偏见，更不能产生厌恶情绪。其次就是对他进行基本情况的了解，然后再选择合适的方法获取更多具体的信息。比如，访谈法就是针对家长和科任老师进行，了解学生的成长历程、家长的教育观念、父母与孩子的交往情况，科任老师对孩子在其课堂上的表现的小结，从多方面掌握学生的情况，这样才能对症开方。

二、说服家长 接纳包容

小庆刚到这个班，除了大多数时候静静地封闭自己的内心外，还会有情绪上的突发事件。他无法调节自己的情绪，精神过于兴奋时会出现用拳头捶墙、用头不停地往桌面上撞击等自残行为。这时，其他家长就会表现出不理解，要求小庆离开这个班。这时，我就会以家长会或者个别谈话等方式安抚其他家长情绪，并将医生对小庆的诊断情况客观告知，晓之以理动之以情，希望大家多给予包容，并向其他家长保证他们自家孩子的安全性。对于其他孩子，我也是经常倡导"来了就是一家人"的观点，通过班级活动、班队会等各种方式增强班级的凝聚力，告诉其他学生要多关心多帮助小庆。就这样，小庆慢慢融合进这个大家庭了。

三、多管齐下 寻找药方

医生建议孩子要融入主流学校教育，希望政府给开展融合教育的普小配备相应的特教老师。我们学校正有资源教室，安排了小庆同学每周几次去那里接受系统正规的康复训练。为此我积极请教特教老师，并长期跟踪小庆同学的变化发展。与此同时，我仔细回顾小庆情绪失控的每一个细节，通过分析不难发现他每次发作都有诱因，可能是嘈杂的声音、大声的训斥、陌生的老师、想得到的东西得不到、长久没人关注等。为此我在班上作了相关的规定：尽量不在课室大声喧哗、追逐打闹；如遇到小庆情绪发作不得围观起哄，要立刻叫老师。为了避免他置身无人监管的环境，我要求家长每天准时送学校，放学准时接走。

四、默默陪伴 静待花开

孤独症是一种常见的儿童精神系统发育障碍症，渐渐地，小庆不仅会和同学们进行简单的交流，而且发作的次数越来越少了，对噪音的抵抗能力也有所增强，有时也能接受批评的声音，懂得关心人，能主动和老师沟通。他仍然喜欢画汽车，能听从劝告。也许是对我的信任和依赖，我的话他基本能听，对比之前一发作就谁也奈何不了确实有了很大的进步。那一次，当我正在为批评班上个别学生不遵守课堂纪律大声喧哗时，小庆同学站起来走到我身边对我说："罗老师，他们不听话，该罚。"虽然是简单的一句话一个动作，但我知道他已经从心底信任我接纳我了。那一刻，满满的欣慰温暖了心头。

孤独症的孩子就像天上的星星，在遥远而漆黑的夜空中独自闪烁着，用我们奉献的爱心和阳光的力量打开孤独者的世界，让阳光透进紧闭的门，温暖每一个角落，为他们守护那片晴空，撑起一片蓝天!

寻找别样的星光

深圳市福田区皇岗小学　邹丽琼

上课铃已经打响了，隐约听到办公室走廊外传来小堂的声音。这节课是体育课，上课铃已经响了，怎么还没有去上课呢？我纳闷着走出办公室，只见小堂倚着走廊的栏杆，眼神空洞地望着操场，丝毫没有要去操场上体育课的意思。

小堂是班上一个自闭症孩子，刚入学时无法遵守课堂规则，时常在上课期间离开座位，走出教室，让老师们头疼不已。好在之后在资源老师和家长的努力下，他慢慢能理解校园常规，遵守一些课堂规则了，也知道到了上课的时间就该上课，不会私自离开教学活动的场所。

"小堂，这节课是体育课，要去上课。"我轻拍他的肩膀提醒他。

"体育课，要上体育课。"说罢，小堂自顾自地走向楼梯方向。

我顺着下楼的方向望去，只见班上的小强同学也站在楼梯那边招手示意小堂过去，小强同学能主动帮助小堂，带他去上体育课，我不禁有些欣慰。但没想到小堂见到小强，反而停下脚步，神情有点慌张，他迈开脚步想往前却又不敢往前，嘴里还不停地念叨着："要掐你！要掐你！"

难道小堂想掐小强同学吗？不对！看小堂的表情分明是在害怕小强，不敢过去，这到底是怎么回事呢？我的心里隐隐有一丝不安，会不会是小强欺负他了，所以他不敢去上课。自闭症的孩子有沟通障碍，和同学交流存在一定的困难，不能很好地表达自己的情绪和需求，倘若和同学交往的过程中发生矛盾，也不会像其他同龄人一样主动告诉老师，对此，我经常观察小堂的课间活动和平常的言行，以便能及时发现问题。

我立刻把小强叫过来仔细询问，原来是小强和班上几个同学用语言吓唬小堂，跟小堂说要掐他，导致小堂见到这几个同学就不由得害怕，甚至不敢去上体育课。对小强同学进行了一番教育后，事情还一直萦绕在我的脑海，久久不能消散。这几个孩子欺负比自己弱小的同学，实在是让人生气。虽说孩子们已经上三年级了，但心智尚未成熟，他们不了解自闭症儿童的特点，大多数的孩子更愿意与普通孩子交朋友，如何让班上的孩子更好地了解小堂，和小堂和谐相处呢？

我想，孩子们需要更多地了解这个来自星星的孩子，于是一场特殊的班会就在我的脑海中酝酿了起来。说做就做，我开始着手设计主题班会，收集整理小堂的手工作品照片和一些生活照片，制作好课件。万事俱备只欠东风，只需要等到小堂去上个训课就可以开始了。

终于等来了小堂去资源课室上个训课的日子，我走进教室："同学们，这堂课我们一起来看一个绘本故事《猫头鹰喔喔呼》"。

这个绘本故事讲的是一只猫头鹰笨拙却努力地想留在温暖的鸡窝里，和母鸡们一起生活，可是母鸡们却因为他不会捉虫、不会刨食，尤其不会喔喔叫，而嘲笑它、戏弄它。最终，猫头鹰帮母鸡捉了老鼠成为母鸡们眼中的英雄，得到了母鸡们的接纳和爱。看着同学们听得津津有味，脸上的表情也跟着猫头鹰的遭遇起起伏伏。

"听完故事，请你想一想猫头鹰有没有可能成为母鸡眼中的小公鸡呢？为什么？"

"不可能，因为它们是两种不同的小动物。"

"不可能，因为猫头鹰生下来就不会喔喔叫，就像母鸡也不会飞，它们也不能成为猫头鹰。"同学们纷纷举手回答。

我继续追问："那你认为小公鸡能和猫头鹰在一起友好地相处吗？"只见同学们歪着脑袋在认真地思考，大多数同学都给出了肯定的回答，孩子们认为母鸡们已经发现了猫头鹰的优点了，猫头鹰已经是母鸡们心中的英雄了，即使不会刨食也没关系，他们会相互理解，友好地相处。

"你身边有这样的好朋友吗？他们都有什么与众不同的地方呢？"我继续追问。

"老师，小堂！"小林立马站起来回答，"小堂和我们不一样，他不会安静上课，会走上讲台大声讲话，还拿我铅笔"。说罢，还看了一眼小堂的座位。作为小堂的同桌，小林的文具经常被小堂私自拿来玩，一不留神就连书本封面也会被小堂拿去留下他的"涂鸦"，对此，他常常在我面前叫苦不迭。

小林的话似乎打开了同学们的话匣子，其他同学也纷纷列举了小堂和自己不一样的地方，看来同学们都能观察出小堂的特别之处。随后我向孩子们介绍了自闭症的含义和自闭症儿童的典型特征，还给同学们介绍了几个和自闭症儿童相处的"小锦囊"。

"同学们，你们知道星星的孩子也有不一样的星光吗？你们看！"我将小堂的作品图和生活照片一一展示了出来。瞧！音乐课上，他认真地拍打非洲鼓；游泳池里，他像鱼儿一样快活地游来游去；在家里，他化身小厨神，给自己煮面吃，积极分担家务；手工课上，他专心致志地做着手工；还有他亲手制作的一个个手工作品……看到这些，孩子们不禁发出了赞叹声。

"哇，这真的是小堂做的手工吗？好漂亮呀！""小堂还会自己煮面呀！那么厉害！"看来孩子们已经了解到小堂的优点了。

"小堂就像故事中的猫头鹰，猫头鹰不可能成为小公鸡，但它也有自己的亮点。小堂和我们不一样，不可能像我们一样好好地表达自己的情绪和需求，人们称小堂这类孩子为来自星星的孩子，但我们要善于发现，细心观察你会发现他也有别样的星光。我们来实行一个秘密的计划好吗？"

　　于是，一个守护星星的计划就在班上开展了，全班同学轮流当小天使，帮助堂堂。之前犯错的小强和小陆主动先来守护小堂。

　　小堂喜欢在课室外走动，到了早读课，只见小强拉着小堂的手，边走边跟他解释："上早读课，要回课室。小堂，回课室"。小堂笑嘻嘻地跟着他走进教室，但才在座位上坐了一会儿，又坐不住了，想着往课室外面走，还没等我叫住他，小强就抢在了我前面，把一只脚已经踏出课室门的小堂又带回了课室，这画面实在让人感动，真是个称职的小天使啊！

　　班上的同学也慢慢发生了变化，总能看到孩子们帮助小堂的身影。或是早午读，同学们耐心地提醒小堂回到座位，安静读书；或是大课间，同学们在教小堂跳绳，一个个动作教，轮流教，还主动示范给小堂看。看着孩子们认真教学的模样，还真有小老师的样子呢！小堂脸上的笑容也变多了。

　　看着小堂在同学们和老师们的关爱下快乐成长，看着同学们慢慢学会关爱同学，我心中真是说不出的舒畅。每一颗星星都有自己的光芒，细心观察才能发现别样的星光。守护星星的计划还将继续，让我们一起守护每一颗星星。

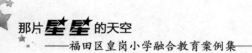
以爱浇灌，静待花开

深圳市福田区皇岗小学　邹丽琼

　　我从来没有想过会教特殊儿童，但入职的第一年，这份"奇遇"就降临在我身上。

　　新生入学第一天，我站在课室门外迎接孩子们，别看一年级的"小豆丁"们才刚入学，可有礼貌了！"老师，早上好！"清脆的声音，甜美的笑容实在可爱。突然，一个孩子绕过我径直走进了教室，不停抬头张望天花板上的几台风扇，眉头紧锁，嘴里还嘀咕着，大大的眼睛在周围不断搜索着，似乎在寻找什么。找到了！只见他径直朝风扇电源开关走去，将风扇电源又开又关。

　　"关风扇，风扇关掉好不好？"他拉着我的手焦急地说。这孩子怎么了？不会跟人打招呼，正值天气炎热还要把风扇关掉？我的心莫名有一丝不安。孩子的妈妈临走前还特地嘱咐我："孩子比较特殊，如果举手还麻烦老师尽量叫他回答问题，不然他会发脾气。"这更让我好奇了，这到底是一个怎样的孩子？

　　接下来的日子，我目睹了他的种种特殊表现：课上随意离开座位，在课室后面的活动区域不停地走来走去，重复地跳动和甩手；眼睛东张西望，一旦发现电器的电源开关就忍不住动手去关，连门也是如此，自己班课室的门、隔壁班课室的门、办公室的门"砰"的一声说关就关，甚至还跑上讲台、跑到办公室关老师办公用的电脑；课上不自觉地用铅笔敲击窗框和桌子，发出声响。

从他妈妈口中我了解到了自闭症这个陌生的词汇。在诉说孩子的过程中，她的眼圈开始泛红，我想照顾自闭症的孩子所消耗的精力非常人难以想象。我安慰她：孩子一定会慢慢融入校园生活的。然而对于一个职场新手，面对班上四十多个孩子已经深感压力，而今还有自闭症儿童随班就读，自身特殊教育知识的匮乏更是让我感到前所未有的精神压力。

识字课上，班上孩子正在学写生字，都在安静地进行写字练习。"不要了，我不要写了！不要写字！"突然，整个课堂充斥着堂堂哭叫的声音，他开始烦躁，边哭喊边动手想把书本撕掉。所有孩子都忍不住向他投去视线，那眼神充满不解，仿佛在看一个异类。

我立刻提醒孩子们继续进行写字练习，然后快速地走到堂堂的座位，蹲在他身边安抚他，可是他情绪仍然很激动，紧紧地抓着我的手臂，嘴里艰难地蹦出几个断断续续的字，"上……英……英语课"，原来他是想上英语课。本来这节课是英语课，刚好课表发生了变动，就上语文课了。随后我一遍又一遍地向他解释："今天调课了，现在上语文课，下午再上英语课。"听后他似乎明白了我的话，没有那么焦虑了，哭喊声也渐渐小了。本以为事情到这里就解决了，然而没过多久，他又跑到讲台问："英语老师呢？"我只能又回答一次。就这样反反复复地一问一答，不下十次，他才接受了先上语文课这件事情，才能在座位上保持安静。

课后，我通过资源老师了解到自闭症的孩子有一个很明显的特点就是墨守成规，对于一些既定的规则他们无法接受改变，一定要按照他平时的习惯进行，一旦出现一点变化，都会不适应，加上最近天气比较炎热，情绪才会更加躁动。我决定深入了解自闭症儿童的特点，这样才能更好地帮助堂堂融入校园生活，才能让今后的教学工作顺利开展。于是，我开始阅读关于自闭症儿童的一些书籍，边学习边研究，深入了解自闭症儿童常见的行为、情绪问题，遇到不知道怎么解决的情况就去和资源老师沟通，寻找合适的解决方法。

经过观察我也更加了解他的一些习惯，比如一开空调就要马上关掉风扇，开了电脑就要打开投影，点开视频就要放到最大的窗口，关了前门堂堂就会去关后门……一开始我先顺应着堂堂的习惯，尽量不破坏他心中的"规律"，让他在课堂上保持情绪稳定。

针对堂堂的行为问题，我也采取了一些措施：首先，是事前干预法。每当学校的课程有变动或者活动时间有修改，我都会提前跟他妈妈沟通，让其在家反复引导孩子了解课程安排的变更。课前我也会先找他聊天，提醒他课程安排的变动，这样堂堂接受了，就没有出现在课堂上哭闹的情况了。其次，是正向引导法。当堂堂不自觉地敲打窗框和桌子时，发出很大的声响，吸引了班上同学的注意力，课堂无法继续进行时，我会递给他一块橡皮擦，相比敲击物体发出异响，捏橡皮擦也可以让他宣泄内心情绪，舒缓内心积累的焦虑和不安。

慢慢地，我也了解到自己之前和堂堂的沟通方式不恰当。自闭症的孩子语言沟通能力较弱，他口齿不太清晰，说出的话不完整，需要老师花时间去理解他表达的意思。他们对视觉图像比较敏感，很多时候我自认为指令明确，充满耐心的语言在堂堂听来是很吃力的。教师应该尽量用简短精炼的语言和孩子交流。

一天，堂堂又在课堂上离开座位，在图书柜发出比较大的声响，我赶紧走到孩子身边，出于习惯还是和堂堂说："现在在上课，你不能离开座位，会吵到同学上课。"堂堂还是一脸笑容地看着我，手上的动作并没有停止，仍然在捣鼓旁边的柜子，我想起要用尽量简洁的语言让孩子听懂，我又说："上课了，要回座位，要安静。"这次，他理解了！回答我："要安静"，就慢慢走回座位了。从此，我更加理解了和堂堂沟通的方法，用最简洁的指令式语言，多用肯定句，少用否定句。告诉孩子什么该做，而不是什么不该做。比如有时候上课离开座位，跑上讲台来，可以对他说："在上课，要回座位坐好"，有时候他想关电脑，可以对他说："老师要用，坐回座位。"

在学习上，堂堂的情况较为特殊，其能力水平与同龄人有较大的差距，得采取分层教学。我专为堂堂设计了课堂作业本，里面写着每一课的生字，当同学们学习到那一课时，堂堂也能跟着学习生字的书写，每节课都让他有要完成的任务，这样他能安安静静坐着学习的时间就长了。自闭症孩子容易有畏难情绪，布置的生字不能太多，学一课写一课，课前给他，同时提醒他拿出作业本和铅笔写作业，有时忘了提醒堂堂就会离开座位在课室走来走去，但只要适时提醒他，他总会回以我一个灿烂的笑容，就开始回座位写作业。

从一年级到二年级，两年的时间，看着堂堂一点一滴在进步，课上不会随意离开座位在课室走动，大部分时间能静下心来写字，上了二年级后还在妈妈的指导下，写起了日记，记录自己的生活，学会运用学到的生字，每天早上都准时把写的话本交到讲台。课下，电器开关玩得少了，班上同学也都认识了，能跟着班级队伍排好队出校门，记下了自己的课表，准时到资源教室去上个训课……我内心感到从未有过的幸福感和成就感。

他就像是一只幸福的小鸟，爸爸妈妈用爱梳理他的羽毛，老师用耐心锻炼他的翅膀，我的心里不禁百感交集。堂堂的转变，让我深信每个孩子都有自己成长的节奏，跟他们走近些，想其所想，知其所需，耐心引导，用爱浇灌这株幼苗，相信他们终能开出鲜艳的花朵。

让心驶向接纳包容与爱的彼岸

深圳市福田区皇岗小学 李云蔓

自从我们学校提倡融合教育理念以来，创办了特殊教育资源教室。随之，我们学校每年招生接收到的生源中，特殊学生的比例也逐年上升。作为学校的信息技术老师，由于每个班级一个星期只有一节信息技术课，所以，我每周教十几个班级。在众多的班级中，我每年几乎接触了全学校一半以上的特殊学生。有多动症学生、情绪障碍学生、抑郁症学生、自闭症学生等各种各样的问题学生。下面我讲讲我跟自闭症学生的故事。

故事一

五（2）班有个自闭症男生，他叫严某某，让很多老师头疼不已。他会在课堂上离开座位跑来跑去，关闭电风扇、空调、窗户，等等，一会儿又去打开。课间的时候也会跑进别的班级教室或者老师办公室把所有的开关按钮关掉。有时在课堂上，还会忽然兴高采烈地大喊大叫，完全忽视周边的老师和同学，沉寂在自己的世界里。

两年前，刚开始接手他们班的时候，我完全不知班上有个自闭症学生。一进教室，他就马上冲去按掉电脑室的空调开关，接着把整个电脑室的总开关打下来。瞬间，电脑室的总电源关闭，所有的电脑和教学平台系统都被断电关闭了。我当时一愣，心想：怎么会有这么不懂事调皮捣蛋的学生？教书这么多年还从来没遇到过这种现象。于是，待其他同学都在自己的位置上坐定之后，我开始对严同学进行严厉批评。这时候严同学站起来，情绪有点激动。同时班上其他同学立马告诉我："老师，严同学是特殊同学！"瞬间我就了然了。于是马上安抚严同学安静坐下，然后进行上课。可是，当我正讲课讲得投入的时候，严同学忽然站起来大声喊："老师，好冷呀！好冷好冷！关空调，关空调！"于是，我走过去把空调关掉，刚走回讲台，严同学又指着空调大声喊："打开空调！打开空调！"这时，我没理会他，他就一直喊："老师，老师，老师……打开空调，打开空调，好热好热，打开空调……"一直喊到我回应为止。一时之间，我无法适从！于是我只好又去把空调打开，他终于又安静了下来，当时我松了一口气，终于可以继续上课了！可是过了一会儿，正当全班同学都在安静地做上机操作练习的时候，严同学忽然离开座位跑去把教室的窗户全都关闭起来，一边关闭窗户，还一边盯着我嘴里叨叨说："老师，下课了，关掉关掉，下课。"接着，他向教室门口走去，想离开教室。我真是哭笑不得！于是，我又开始安抚他，给他提出条件，如果做到了，老师给予奖励。这一次，他也配合地坐回自己的位置。……毫无心理准备，如临大敌的我终于上完了这节课！

课后，我去找严同学的班主任沟通了解他的情况。班主任告诉我，严同学是自闭症儿童，属于先天性疾病。

鉴于第一节课的教训，他让我的课堂教学因为他而变得乱七八糟。为了避免后续再出现这种情况，从第二节课开始，我特意给他安排了最靠近讲台的第一个座位，让他坐在离我视线最近的地方，随时在我的监视范围之内，还给他安排了两个左右护卫——班干部，希望他上课能认真听讲，希望自己能平安无事地上完他们班的课。另外，我还特意买了棒棒糖作为信息技术课堂上的奖励。严同学也在棒棒糖的"诱惑"下发生了神奇的变化。在和严同学达成了认真上课可换取一根棒棒糖的"口头协议"后，严同学上课安分多了。虽然有时还会控制不住自己叫起来，但是老师提醒一下，如果不好好上课，棒棒糖就没有了……于是，严同学就会安静下来了。

慢慢地，经过观察，我对严同学的了解更多了，也开始摸清了他的特点，从而有了针对性的教学策略。后续我在他们班的信息技术课堂也变得越来越顺畅，越来越得心应手。虽然可能严同学的缺点多于优点，可能他比别的同学还差很多。但是经过长时间对严同学的观察，我发现严同学也有一些"闪光点"。比如：他喜欢画画。由于三年级信息技术第一册上册的内容是先熟悉鼠标操作后开始学习电脑绘画内容。我发现严同学在电脑绘画方面并不会很差，随着学习的深入，他甚至基本上能在课堂上完成当堂课的操作任务。

我记忆最深刻的是，一次我让学生自主操作，设计一张内容健康，主题突出的电脑绘画作品。并且主题不限，自由发挥。让我很惊喜的是：严同学竟然设计了一张线条很复杂，但是却整体很美观的建筑标志图。我走过去问他："你设计的是什么呀？"他指着设计图说："这是房子，房子房子……我很棒！画得真好！"这幅图对于正常孩子来说不算画得很好，但是针对一名自闭症儿童的严同学来说，他能静下心来，按照自己的想法画出来，而且根据自己的理解，准确地把握住了建筑的特点，这是非常不容易了！自闭症儿童大部分时间都沉浸在自己的世界里，忽视周边的人。这就要求我们教师要多引导孩子，倾听孩子的心声，了解孩子的想法，走进他的世界，才能把他引导到参与周边的环境中来。于是，我抓住机会让他向同学们分享他的创作想法，创造机会让他融入课堂互动上来。同时，我跟班上其他同学说，不能歧视他，要包容接纳他，其实他身上有很多优点，比如今天这幅画，设计得很好！以此来改变其他同学的想法，更加地接纳和关心严同学。虽然，严同学的表达不太清晰，但是给他创造了参与条件，同时又获得了奖励，他很开心。

经过两年的相处，我深深地意识到，要想打开自闭症学生的心窗，首先需要的是我们这些健康的人们能敞开心扉接纳他们，包容、尊重和关爱他们，才能让这些孩子与正常儿童一样享受学习的快乐，从而真正落实融合教育。

故事二

这是关于六（1）班一个男生的故事。这位男生叫黄某某，根据医生的诊断，也是自闭症。但是他的行为表现跟严同学不同。自闭症以缺乏社会交往和语言交流兴趣爱好狭窄、重复刻板动作、强迫保留生活环境和方式、行为刻板、动作怪异等为主要表现特征。在生活中可以因环境的改变而出现不同的临床表现。

黄同学的脾气非常暴躁，稍不顺心就发脾气，可以把任何东西作为发泄对象。一旦遇到不顺心如意的事情。马上表现出怪异的尖叫声和怪异的行为动作。

有一次，在课堂上，黄同学忽然尖叫地站起来。随之，嘴巴不停地说："shit！shit！shit！……"同时，一根手指不停地乱指！两脚在蹦跳，情绪非常激动！于是，我轻轻地走到他的身边，温柔地问他："怎么啦？"他说，他信息技术课本上的配套学习光盘不见了。于是，我安抚他，不要激动，安静下来，老师帮他找找，一定能找到。可是在他的位置周边找了一遍都没找到，班上其他同学也纷纷表示没有看到黄同学的学习光盘。这时，黄同学又开始情绪激动起来。情急之下，我走向讲台拿我的光盘过来给他。本以为有了光盘，黄同学能冷静下来了，其实不然。他拿着我给的那张光盘仔细看了一下，忽然间又非常激动地尖叫起来。"这不是我的光盘，不是我的！"又开始蹦跳，情绪非常失控！我再次轻轻地走到他的身边，温柔地问他："你怎么知道这个光盘不是你的？"他说："我的写了名字的，这个不是我的，我不要，我要我的光盘。"这下我完全蒙了！现在是上课时间，我也不能离开教室去帮他找光盘，如何才能让黄同学冷静下来，继续上课呢？

于是我想了个主意，拿一颗糖给他，对他说，现在是上课时间，光盘我们下课再去找，如果你能现在冷静下来认真上课，老师就把这颗糖奖励给你吃，你能做到吗？这时，黄同学慢慢安静了下来，我把糖递给他，同时对他说，你现在表现很好，能控制住自己的情绪了，所以老师把这颗糖现在奖励给你。接下来，如果你真正做到了安静认真上课，下课之后老师还会奖励你一颗糖。然后黄同学接过我手上的糖果，打开放进嘴巴里吃了起来。他的情绪也稳定了下来，安静地上课。下课之后，我也兑现我的承诺，当着全班同学的面，再给他奖励一颗糖，并且表扬他是个守信用的好学生，刚才答应老师的事情做到了，他是同学们的好榜样，其他同学也要向他学习信守承诺的好品质。聪明的同学们都给他鼓掌！这时，黄同学脸上露出了灿烂的笑容。

平时在课堂上，如果遇到不会操作的时候，黄同学也是很急躁地大喊大叫。因此，我安排两位学习比较好的同学坐他旁边，每当他遇到问题，旁边的同学可以当他的小老师及时教他操作，这样就避免了类似问题的发生。

还有一次，预备铃响后，我来到教室准备组织同学们排队去电脑室上信息技术课。可是，当所有同学都在教室门口整整齐齐地排好了队的时候，班长核对人数时却发现少了一位同学。这时，有同学大声喊："老师，黄某某躲在教室的桌子底下没出来。"我走进教室，果然发现黄同学坐在他的课桌底下。我轻轻地问他："你今天怎么啦？不喜欢上信息技术课了？还是心情不好呀？""有什么心事跟老师说说，看看老师能不能帮助你解决。"可是，不管我说什么，黄同学都不开口说话，坐在桌子底下一动不动，瞪着一双眼睛看着我。这时，班上一位男生跑过来用力试图把他从桌子底下拉出来，但是这一举动刺激了黄同学。他瞬间非常激动，飞快地跑出教室，准备往楼梯口跑去。一瞬间，我被他吓了一大跳，马上过去抱住他。他激动得在地上打滚，不愿意起来。情急之下，我从口袋里摸出一颗糖，用冷静温柔的语气跟他说："你今天肯定是遇到了不开心的事，你不愿意告诉老师没关系。但是糖是甜的，有研究表明，当一个人不开心的时候吃甜的东西能让心情快速好起来。你愿意尝试一下吗？"于是，黄同学接过我手上的糖果吃了起来。慢慢地他也安静了下来。随后，在我的安抚下，黄同学回归班级队伍，跟其他同学一起排队到电脑室上课。下课之后，我找他沟通。了解到，原来是在上课前，有同学跟他起了小摩擦，他不开心，所以才会这样。当时，我及时对他进行引导教育，同时教他以后遇到类似的事情应该如何控制自己的情绪，如何面对处理类似的事情。同时表扬他后面情绪控制得很好，课堂上学习态度不错之类的。得到老师的表扬肯定，黄同学显然心情又好了起来。

课后，我联系了黄同学的家长，跟家长反馈黄同学的表现。经过跟家长的沟通和了解，结合医生给出的一些建议，我也重新调整了针对黄同学的教学策略。

如下：

第一，教他的知识要适合他的能力，课堂上对他的评价标准要有针对性，降低学习标准要求。

第二，教他学习正常行为去代替异常行为。

第三，尽量用鼓励的方法，开始时可能需要物质奖励，最重要的是先安抚他冷静下来，再让他参与课堂学习后体验成就感。成功的体验会令他的情绪稳定以及有更大的内部动机去参与课堂学习。

第四，要从多方面去评估他的能力。善于发现他的"闪光点"，根据他的"闪光点"去提供适合他能力的训练方法和学习机会。

第五，重复性行为及不愿改变的倾向需要慢慢纠正。通常是帮助他学习其他较好的行为去代替这些行为。另外，他们愈明白得多，这些行为就会愈少。

总之，尽量让他在信息技术课堂上有愉快的学习体验。

经过三年的相处，我发现黄同学的情绪越来越稳定了。黄同学的妈妈由刚开始的每天进教室陪读，到后来也放手让他独立来上学了。班上的同学对他的怪异行为也习以为常，经常包容他、接纳他，还会主动帮助他。我想，这就是融合教育的意义所在，成功实现了融合教育的目的。

经过跟以上两个不同表现的自闭症学生的教育教学故事案例，我做了一些总结和反思：对于特殊的孩子，家长和老师除了要付出比常人更多的爱以外，还必须要有极大的耐心和恒心，千万不要急于求成，更不能采取简单粗暴的方法，不然会加重孩子的障碍问题。每一个个体都有情感满足需求，都需要温暖的关爱。尤其是特殊的孩子，更加需要更多的包容、尊重和关怀。平时对孩子少批评多表扬鼓励，以增强孩子的自尊心。只有提高了孩子的自尊心、自信心，孩子才能更善于认可自我，产生成就感，体验愉快感，从而使心情获得平静。

另外，作为老师，在课堂教学上，老师应更新观念，改变评价方式，采取多元化评价方式，防止片面性，尤其要避免只重知识和技能，忽略情感、社会性和实际能力的倾向，应承认和关注孩子的个体差异，注重学生的心理健康，避免用同一标准评价不同的孩子。

在课后，多跟学生沟通交流，消除学生的戒心，拉近师生之间的距离，走进学生的内心世界，从而排除学生的一些不良心理想法。才能使学生更加信服老师，愿意向老师分享内心世界，发自内心地尊重老师，配合老师。

每一个人都有自尊心，每一个人都喜欢快乐的体验，每一个人都希望得到别人的肯定和表扬。所以，在学校教育中，学生在学习过程中的快乐体验非常重要。老师的因材施教方法，有针对性的教学策略和评价方式非常重要。

总之，作为老师，以爱心、耐心、用心为出发前提，制定有针对性的教学策略，接纳包容和尊重关爱每一个学生，让每一个孩子眼里有光，心里有爱。这样的工作是非常有意义，也是非常有成就感和幸福感的。

用爱去温暖，抚平心灵的创伤

深圳市福田区皇岗小学　李云蔓

　　一个孩子的成长，离不开社会、学校、家庭、学生本人的共同努力，其中家庭教育占有举足轻重的作用。因为父母是孩子的第一任老师，对于孩子的良好生活习惯养成与性格的形成至关重要。著名心理学家帕金斯曾经把家庭比喻为"制造人格的工厂"。家庭环境对孩子的心理变化起着潜移默化的作用。因此，父母经常争吵甚至离异的家庭对孩子的不良影响非常大。

　　我班上一位女同学，她叫王某某。记得一年级的时候，她是一位聪明活泼开朗的好孩子。妈妈也是班上的家委会成员，妈妈很重视孩子的学习和教育，经常会找老师沟通交流，了解孩子在学校的学习和表现情况。王同学的数学成绩也一直不错，每天作业按时完成，书写工整，听课认真。在老师的心目中，王同学是个好学生！可是到了三年级第一个学期，王同学忽然之间状态很差。上课不听讲，课后作业不完成，老师问她为啥不写作业，她怎么也不吭声。叫她晚上回家补做明天交上来，可是第二天还是没有交上来，老师再找她，她直言："没带。"……就这样，一天又一天，她的学习成绩一落千丈！

看到王同学学习成绩断崖式的下降，真是着急又无奈。多次联系王同学的家长，爸爸总说："她的作业做了呀，昨天晚上我看着做的呀！"妈妈说："不好意思，今天晚上补！"可是一直没有看到补的作业，而且当天的作业也没完成。多联系几次妈妈，妈妈却说："老师，她不听课，你放学把她留下来重新再给她讲一遍吧！然后每天留在学校看着她写完作业再放她回家。"面对这样的家长，我深深感觉很无力！

这种情况下，我除了每天放学把王同学留下来补功课和家庭作业之外，别无他法了！有一天，我把王同学留在办公室补作业，自己开教职工大会去了。开会结束回来之后，发现王同学作业一个字也没写！于是，我问她一个多小时过去了，她在我办公室都在干吗？为啥作业一个字也没写？她又是沉默，怎么问都不吭声。此时，我严厉起来，开始批评她两句，忽然之间她哭了！看到她哭了，我柔声问她："你是怎么了？李老师感觉你跟以前很不一样了，变了一个人似的！以前的你，非常优秀，懂事又专心学习，李老师非常喜欢以前的你！而现在的你肯定有心事对吗？你肯定是遇到什么很不开心的事才会这样的对吗？李老师相信你只是一时迷茫，肯定还是一位优秀的好学生的。能把你的烦恼跟李老师分享一下吗？也许李老师能帮助你！"于是，王同学哭得更凶了！我说："如果你觉得很委屈，很难过，哭也是一种很好的发泄方式，你先哭一会儿吧！发泄完了，再跟李老师说说你遇到的难题也可以。"接下来，我没有再说话，而是静静地等待王同学哭了一会儿，然后她停下来走到我面前，说："李老师，对不起！我确实是遇到了烦恼！我的爸爸妈妈闹离婚了，他们每天都在争吵，还打架。我爸爸打我妈妈好狠，我在门外坐着，很害怕，我担心我妈妈被我爸爸打死！""现在，我爸爸不回家，妈妈每天打两份工，晚上十一点以后才回到家。"

听着王同学的倾诉，我一时之间心里五味杂陈！瞬间觉得孩子好可怜！也终于明白过来，为什么爸爸会撒谎说看着孩子写作业了，同时也明白妈妈为什么叫我放学把孩子留在学校补完作业再回家。因为家长根本就没心思和精力管孩子了!

在跟王同学的交流过程中,我发现她的两只手一直戳来戳去,看起来很紧张,很无措!

晚上回家路上,我的心情一直无法平静。满脑子都是王同学前两年和现在的画面切换。此时的她,肯定是内心十分痛苦、悲观、沮丧,对学习和生活失去了热情和信心吧!从她的表现看来,她这是完全自暴自弃了!

一个如此优秀的孩子现在变成了这样,作为她的老师,我应该怎么帮助她呢?离异家庭的孩子内心是脆弱的,对未来缺乏信心,是需要更多的关爱和鼓励的。于是,接下来,我每天都会找王同学到我办公室补作业,耐心地教她,然后表扬鼓励她,达到了学习目标之后,给她奖励。在课堂上,王同学也慢慢地认真了起来,开始回答问题,变得自信了。此时,我会当着全班同学表扬她。慢慢地。王同学眼里有了光,脸上颓废怯弱的样子也消失了!取而代之的是阳光灿烂轻松的笑容。见到我,她开始变得话多起来,总是找机会跟我聊两句,每次我都会幽默地回她两句,把她逗得哈哈大笑。

至于王同学在家里到底怎么样了,我不知道。因为我曾经联系过她的家长,经过沟通交流,了解到家长不承认闹离婚,因为这是家长的个人隐私,作为老师也不方便过问太多。但是,看到王同学在学校的表现转变,我也放心多了。

我相信,王同学肯定不是个案。随着社会高度发展,我国离婚率越来越高,在家庭的裂变过程中,孩子成了最大的牺牲品。在不健全的家庭环境中成长,势必会影响孩子的心理健康和健全人格的培养。作为老师,应该高度关注这部分孩子,及时进行心理疏导教育,多关心爱护她们。帮助她们树立对未来的信心,鼓励他们努力进取,过去的我们无法改变,今天的我们能够把握,明天的我们可以创造,幸福的生活掌握在自己手里。

特别的来信

深圳市福田区皇岗小学　　邢　瑶

　　一直想写一封信给小林，在他毕业后，请他的妈妈念给他听。也期待长大后的他可以回信给我，告诉我他已经从一个"暴走男孩"变成一个心中有爱，眼中有光，温柔而坚定的大人了。现在的文字就帮他记录一下自己那些令人头大鸡飞狗跳的荒唐岁月。

　　四楼的走廊是个"多灾多难"之地，但这多要归功于小林。以最近一次来说，上课的铃声打响了，同学们在走廊里疯狂地飞奔回教室。这时，小林不小心被高年级的同学硬生生地撞到了实处，一时他手足无措，面红耳赤，痴痴地站在那里久久不动，不知如何是好。了解小林的都知道，这是暴风雨来临前的平静。果不其然，当他环顾四周，找不出谁才是撞他的凶手时，小林彻底暴怒了，仿佛经过的每一个人都是他的仇敌，他用拳头撞击着墙壁，愤怒地嘶吼着，甚至用头去撞墙，这无疑是用鸡蛋砸石头，恰逢路过的一位去上课的美术老师拦住了他并把我和班主任林老师叫了过去，简单交代了情况。由于他的情绪过于激动，又加上天生蛮力，我们只能围在他身旁，紧紧拉着他怕他进一步做出伤害自己的事情，并不断告诉他："冷静冷静，深呼吸，深呼吸……"就这样，时间仿佛静止了一般，他渐渐平静下来，转过头来，发现他早已噙满泪水，眼睛早已哭肿，双眼充满红血丝，无论谁看了都觉得心疼。我们握着他的手把他领回办公室，让他自己把事情讲清楚。从他含糊不清的说辞中我们艰难地了解了事情的原委，并反复告诉他同学们肯定是不小心撞到了你，因为上课了又来不及和你道歉。这才慢慢使他心中释然。

即使是特殊的孩子，和他们讲道理也是能讲得通的，只要你能让他静下来，让他有想听的欲望。只是，这些孩子们不间断的突如其来的崩溃会随时击垮和他们朝夕相处之人的坚硬的铠甲。

调查显示，自闭症的孩子会因感统失调做不到一些事情，不能表达一些事情。这个时候他们中一些人会被父母暴打，甚至被遗弃，每68个孩子当中就可能会有一个遭遇此劫。他们是不被理解的活生生的一群人。他们最经常听到的话是：

你为什么做不到？

你为什么就是不会系鞋带？

你为什么不能好好地坐在椅子上听课？

你为什么就是写不出那个字？我们都练习了多少次了！

你为什么不会数数？

你为什么连10以内的加减法都算不出来？

可是他们真的就是做不到，他们也许以后会做到，只是也许。小林的爸爸之前就因为儿子不听他反复强调的话而暴揍过小林，所以每次提到爸爸时，小林的眼神就开始闪躲，浑身不自觉地开始发抖，这个样子让人无比心疼。戈娅在书中也描述了一个总是大声责骂孩子的妈妈，她强制孩子做他根本无法理解的，只有正常孩子才能做到的事情。可有一次，当这个孩子被骂时，一个陌生人温柔地拥抱了他，这个妈妈当即哽咽了，当即坐在街头开始哭诉着这些年来爸爸的失职与自己的不容易，此刻我也很想上去抱抱她。我没法对她轻描淡写地说一句"请坚强"，我没有资格，我只想对她说一句"辛苦了"。

和孩子朝夕相处的人更容易去主动思考生命的意义是什么，生命是否有意义。这个问题即使连大心理学家兼哲学家的荣格也没能逃脱困扰。但他确定的是，这个问题最好的答案就是，无论生命是否有意义，重要的是我们追求生命的过程。

接受孩子的平凡，是父母的不凡。接受孩子的特别，是父母的伟大。

戈娅也在《看风的孩子，谢谢你成全了我》一书中讲到，人类习惯性地将好结果归因给自己，坏结果归因给别人。人们理所当然地认为，孩子做得不好一定是他们自己的问题，我已经讲了100遍了，他怎么还是不会呢？其实，这极可能是学习的内容他们不感兴趣，学习的方法他们不适应。正常学校内的课程对于这些特殊的孩子来说在他们的能力配置之外，是无论如何也没有办法接受的，即使是强迫也不能。文中提到的芭芭拉土生土长的康复村可称得上是为特殊孩子而建立的一个理想国，它试图让这些学习障碍的孩子们共同生活和工作。通过自己一辈子的体验式的经验，她反复强调，没有不爱学习的孩子，主要要看他学的内容是什么。但对于一些其他事情，比如大自然、小动物，他们就格外热爱，比如火娃，他懂得万物有灵，这可比一些已经和生活失去连接的成年人强多了。

细细想来，如今越来越多的年轻人成为在虚拟世界中被由手机和WiFi编制而成的枷锁牵着走的囚徒。同时，随着世界两次工业革命带来的生产力的革新变化这把双刃剑，机器慢慢代替着工人，大大解放劳动力，给世界带来巨大改变的同时，也在慢慢摧毁着一些简单的浪漫。比如能独立制作一把木头椅子，享受这小小成就感和幸福感的现代成年人应该是越来越少了。他们默默妥协了每天朝九晚五的单一工作带来的局限和束缚，疲于学习新的领域，从而失去拓展兴趣的机会，放弃成长。所以对于小林来说，我们最需要对他做的是培养爱好，让他走进生活中的点点滴滴，去体验，去尝试，才会知道自己感兴趣的到底是什么。而在这一过程中，大人要做的是相信。一定要相信孩子，给他们足够的时间，给他们试错和犯错的机会，相信只有孩子才不会放过任何一个长大的机会。

除了习惯性的归因方式，人类还习惯性地忧虑。经常能看到的一些家长发的朋友圈中的常态是：孩子在跳舞，不过脚尖绷得还不够直哦。前面的话并不重要，后面的话才是重点。让他们去成长吧，我们做一个忠实的记录者就可以了。担心也是一种控制，高敏感的特殊孩子会立刻感受到，这样更不好去进行融入社会。当然，还有陪伴，不可否认的是，他们很敏感，他们需要知道自己被关注，不被轻视和轻蔑。

小林最近不断成为办公室话题热搜榜第一位，这还是由于他和一位五年级的哥哥杠上了。也许是特殊的"缘分"，这两位特殊的孩子第一次见面就不打不相识，从此算是结下了梁子。之后的每一次见面便都是剑拔弩张，一触即发，每次都在老师们和一群学生的围观、劝抚和生拉硬拽下分开而告一段落。但我们清楚的是，这颗定时炸弹随时都有可能爆炸。最近的一次大场面发生在学生在校的最后一周，恰逢赶上我值周。早上到校的时候，每一位同学有序排队进校园，有礼貌地和老师敬礼问好，而小林却显得格外与众不同，我远远得就看见了他，正想跟他主动打招呼，可是他却神色紧张地凝望着校园，在测温箱里也缓慢地踱步，在即将迈进校园的那一刻，他的双手紧紧地扒着测温箱的门直至指节变白。站在两旁的值周生怕他挡到后面的同学，造成拥堵，赶紧跑上前去和他说明。顿时间，因为别人碰到了他，小林又开始神情紧张，双眼发红了。我知道，他这是在发飙的边缘了。而又因为他都没有穿校服，穿了本不该穿的礼服，一旁的值周生又要让他写下自己的名字扣分，这使得小林更加焦躁了，他的力气格外大，两三个男生根本拦不住他。我连忙疾行上前，手轻轻地搭到小林的肩膀上，让他缓和下来，陪着他走进校园并和他说："小林，早上好哈，同学们都在班级等着你呢，快回班级吧。"小林转过头来，痴痴地望向我，好像还没回过神来，但也在我的担忧和注视下慢慢地走向教室去。到了中午，烈日炎炎，站在门口值周的我和学生的脸上都汗如雨下，突然四（4）班的小翰大汗淋漓地跑来告诉我，（5）班的小林在操场上又发飙了，他们班的几个男生正在拉住他。我听后立刻和另一位值周老师请假，赶忙随小翰跑去，远远就望见龇牙咧嘴，满脸通红的小林的双手正被（4）班的几个男孩艰难地向后紧紧拽去，但小林仍然张牙舞爪地不断向前冲去，力气大得他仿佛马上就能挣脱束缚。（4）班的同学看到我仿佛看到了救星一般，马上叫喊着我的名字。我立刻冲上前去用力地一把抱住了他，学着肖老师教他的那样让他不断深呼吸，再深呼吸，和孩子们一起围着他，可这一次他谁的话也不听了，像脱缰的野马一样只想向前冲。我只好让学生赶紧去请肖老师过来，见到肖老师的小林这才卸下防备，像肖老师教他的一样用手搅拧着衣服边，并且不断地深呼吸着慢慢平复下来。肖老师带走小林之后，我问了（4）班的孩子们到底发生了什么，原来，又是五年级的小皓过来挑衅小林，这是高敏感度的小林绝对不能忍受的，他想立刻冲上四楼，杀他个措手不及。还好被同学们撞见拦了下来。之后，我和林老师找到小皓的班主任以及肖老师进行沟通，说明了两个孩子的令人头痛的情况后，又分别找了这两个孩子进行了真挚的攀谈，两个孩子也纷纷点头保证下次不会再有这种情况发生，不要主动去挑衅他人，如果真的被人激怒，不能克制住自己的脾气的话，该用什么方法平静下来。

小林的每一位老师都隐约地感觉到随着年龄的增长，小林的戾气也逐渐加重。长大这个词对于小林而言可能有些残酷，对于小林的家庭而言可能不是欢愉。其实，他的优点也不少。在课上，他知道自己不可以打扰别人，他可以一直安静地摆弄他的笔、尺子，创造性地做出手枪的形状，和自己做游戏，偶尔向同桌炫耀一下他的杰作。在老师讲题时，他也可以把老师写在黑板上的答案一字不错地全部抄在本子上，然后立刻举手求表扬，这就连很多正常的孩子都会因为粗心大意而抄错一两个字哦。他也十

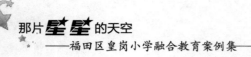

分懂得与朋友相处，经常把班级后面美丽的假花拔出一两朵来送给他的同桌，来表达他的友爱。当我与班上的孩子们聊天时，发现他们都并不反感小林，甚至觉得他憨憨的可爱。因为我们真正希望看到的是他的成长，希望他的内心充满喜乐、安宁和爱。

是你足够优秀和强大，他才选中了你做他的父母。正如戈娅所说，希望我们每一个人在35岁之后对人间还有"活着真是太好玩了"的感受。愿我们每一个人无论是做自己还是做父母，都能不负此生，能够山间看云，谷中听风。

我也特别想给小林写一封十年后再打开的信。

亲爱的小林：

你好哦，你现在在哪里呀？不知道你现在长成什么样子了，好好奇啊。我相信，无论你身处何时何地，无论你正在做什么，你都已经尽了自己最大的努力做到最好了。老师一直想和你说，你的名字取得可真好！像极了你的人。你名字里的"俊"让你这么帅气，而你又是那么精力旺盛，生生不息，像极了"林"字。但我在写下这封信时，虽说你已经长得越来越壮，但是你内心的成熟程度还只是一棵稚嫩的小树苗。老师衷心希望展开这封信时的你已经长成一棵参天大树，枝繁叶茂，硕果累累，能让你的爸爸妈妈疲惫时安心在树下乘凉。你知道吗？无论是你的爸爸妈妈还是你的老师们和同学们，大家都很喜欢你的，但的确更喜欢温柔可爱版本的你。遇到事情，千万不要情绪上头，这样是解决不了问题的。要深呼吸哦，想想解决办法哦。这些你一定都知道。期待你回信给我哦！

时光雕刻成长

——微调教育环境，为特殊儿童成长护航

深圳市福田区皇岗小学　周莉萍

"老师，你好！"

"老师，好久不见。"

"老师，我又来了……"

小华（化名）见到老师特别热情，每天会跟老师问好，课间见到老师也跑过来亲亲热热地跟老师聊天，哪怕老师在跟其他同学谈话，他也会过来跟老师说几句话，聊来聊去尽是一些"没营养"的话。有的时候，他还主动跑到办公室跟老师说话，不待老师回应，他又自顾自地走了……

小华与其他孩子有些不一样，他是"精神发育迟滞"儿童。

回想四年前……

在流火7月送走六年级，新的9月又迎来新一年级，带着对毕业生回忆的余温，期待满满地迎来这些小小的新鲜人。这群小可爱性格各异，小华也是其中之一，他胖乎乎的，很快乐，每天笑眯眯，蹦蹦跳跳地跑到这，跑到那。上课不专心，但也不吵闹，在一次次的考试成绩中暴露出他和同

学的不一样，小学一年级，小朋友们多数90分，100分，小华始终在60分徘徊，一不小心就不及格，他的字也写得歪歪扭扭，这一切似乎都在暗示着有什么不一样的地方。

老师跟他家长多次沟通，家长只是说回去好好培养孩子习惯，在学业方面多多辅导。一年级过去了，这孩子的成绩不仅是跟不上，逐渐下滑到之后二三十分，而且他上课还时不时突然叫两下。这样坚持了一年都没什么变化，甚至情况更糟，家长也有点着急了，专门为孩子请了家教，有了家教之后，孩子作业做得非常好，但是依然是一窍不通，家长坐不住了，最终带着孩子去了医院，医生诊断为"精神发育迟滞"。

精神发育迟滞是一组以智能低下和社会适应困难为显著临床特征的精神障碍。

小华爱笑，热情，这样一个看上去很阳光的孩子，这个结果让所有人感到可惜。

在我国，特殊儿童受教育形式一般有三种：①特殊教育学校；②普通学校等机构附设的特殊教育班；③普通学校的普通班中随班就读。其中大多数残疾儿童是在普通学校的普通班随班就读。

那么，怎么解决这个情况呢，送他去特殊学校吗，显然这并不是帮助他的最好方法，苏霍姆林斯基曾说过，应当在普通学校里对这些儿童进行教学和教育，因为有一个完满的、在智力方面不断地丰富着的环境，是帮助这些孩子的最重要的条件之一。那么小华就在现在的班级随班就读吧，这或许是对他发展最佳的解决路径。作为他的科任老师，我也要及时作出调整：

一、调整评价——个性化作业

心理学研究表明：0—7岁是个体神经系统结构发展的重要时期，是个体心理发生发展的关键时期，也是生理发展、知觉发展、动作发生发展的重要时期。这一时期个体神经系统的可塑性较大、对外界环境的适应能力较强，如果在这一期间内对残疾的个体及时施以恰当的教育，会有利于个体生理机能的重新组合、有利于身体各种功能的代谢、有利于损伤器官的矫正和康复，也就是说对残疾儿童进行早期教育，有利于残疾儿童缺陷的最大程度补偿、有利于残疾儿童潜力的最大程度发挥、有利于其身心的最大限度发展。

对于小华，在课堂不能改变的情况下，根据他的认知和发展情况，对他的作业进行调整，不拿对普通孩子的评价方式来评价他。布置作业时，根据他的理解能力和完成能力来布置，不与他的同学作"一刀切"。例如，数学科每天要做知识与能力训练和口算两种作业，根据当天教学的难易程度，我会单独给他布置作业。如果课堂内容比较难理解，小华只要做口算即可，如果课堂内容比较容易，那就做知识与能力训练里的"练功房"部分，这一部分就是课堂内容必须掌握的基础知识部分。这样的作业，他做起来轻松，得到的作业等级也会比较好，不会毁坏他的学习自信。小华也能从中获取品尝到成功的果实。

二、引导氛围——呵护自尊

教师是学校教育的主要实施者，是学生身心健康成长过程中的导师和引路人，因此，教师在学生全面发展的过程中起着不可替代的作用。但是一些外部原因，比如在课堂偶尔发出怪叫，和老师的谈话兜兜转转都是那几句，以及他一直垫底的成绩都可能让他被同伴，也就是同学嘲笑、欺凌。因此，要让他能人格健全，心理健康，就要在班级营造一个良好的氛围，使得同学们用平常的眼光去看待他。

一次，他上课突然怪叫一下，班上同学们吓一跳，继而爆发出笑声。正在上课的我，赶快停下来制止同学们的大笑，并用玩笑帮他打圆场：看来小华对我们刚讲的知识有重要的意见想发表对吗？我们特别欢迎有思想随班就读特殊儿童的教育是一门学问，更是一门艺术。为这类孩子，我应该更多地学习和思考，抱着对这类孩子负责的态度，学校、家庭和社会紧密配合，来完成教育培养孩子的光荣任务！

  如今，已是四年后，现在的小华还是那个小华，依然爱笑，依然热情，依然说着"没营养"的话，他的健康成长就是我最大的心愿。